Josef Tischler

Der wilde Mann

Posse mit Gesang in 4 Aufzügen

Josef Tischler

Der wilde Mann
Posse mit Gesang in 4 Aufzügen

ISBN/EAN: 9783743460515

Hergestellt in Europa, USA, Kanada, Australien, Japan

Cover: Foto ©Thomas Meinert / pixelio.de

Weitere Bücher finden Sie auf **www.hansebooks.com**

Als unverkäufliches Manuscript gedruckt
und im Buchhandel nicht zu kaufen, blos für Theater-Aufführungen und daher nur als Bühnen-Manuscript zu beziehen.
Für sämmtliche Bühnen im ausschließlichen Verlage des Dr. O. F. Eirich, Hof- und Gerichts-Advokat, Wien, I., Wipplingerstraße Nr. 29, und von diesem allein ist das Aufführungsrecht zu erwerben. — Sowohl Aufführungs-, als auch Uebersetzungs- und Nachdrucksrecht vorbehalten.
  Josef Tischler.

Der wilde Mann.

Posse mit Gesang in 4 Aufzügen (5 Bildern)

von

Josef Tischler.

Dieses Manuscript darf von dem Empfänger weder verkauft, noch sonst irgendwie weiter begeben werden, und gilt das Aufführungsrecht nach vorher erfolgter Einigung über die Bedingnisse nur für ——— ——— ———— Director ——————— und zwar nur für die Zeit während welcher d———selbe die Direction d——— in ——————— inne hat, demnach weder für seine ...ons- oder Rechtsnachfolger an diesem Orte, noch für diese——— selbst, wenn d———selbe eine andere Direction übernehmen sollte, für diesen anderen Ort.   **Dr. O. F. Eirich.**

Duplicate kosten 1 fl. 50 kr. ö. W. oder 3 Mark.

Alle Rechte vorbehalten. — Ent. at Stat. Hall, London.

Wien, 1887.
Druck von Leo Reichell's Witwe in Baden bei Wien.
Verlag von Dr. O. F. Eirich.

Personen.

Walzel, ein Delikatessenhändler.
Peppi, seine Mündel und Nichte.
Klemper, Conservatorist.
Stiegel, ⎫
Wendl, ⎬ Commis bei Walzel.
Klampfel,⎭
Riegel, Walzels Freund.
Sidonie, Theaterelevin.
Ein Briefträger.
Ein Schulbub.
1. 2. Kundschaft.
Ein Agent.
Dr. Breitkopf, Redakteur der „Dichterstimmen"
Amanda Morgenroth, Private
Elminger
Scaffato, Schaubudenbesitzer
Der Bürgermeister
Weghuber, Commandant des uniformirten
    Bürgercorps und Seifensieder
Bürger Schmalzl
Feldwebel   in
Gfreiter   Kümmelbach.
Wastelbauer ⎫
Kilian   ⎬ Bauern.
Seppel   ⎭
Der Schullehrer
Der Wachter
4 weiße Mäderln
Mr. Pif, ein reisender Engländer
John, dessen Diener
Ein Schwarzer
Schorschl, Fiaker ⎫
1. 2. Wäscherin   ⎬
1. Gast   ⎬ beim Heurigen.
Ein Kellner   ⎬
1. 2. „Pülcher"   ⎭
    Sommerfrischler, Bauern.

Ort: Der erste, dritte und der letzte Aufzug spielen in Wien; die beiden
    Bilder des zweiten in Kümmelbach. — Zeit: Gegenwart.
        NB. Rechts und links vom Zuschauer.
[Die eingeklammerten Stellen können bei der Aufführung weggelassen werden.]

I. Aufzug.

Die Scene stellt einen größeren Delikatessenladen dar. Rechts vom Zuschauer ein Verkaufstisch mit üblichen Waaren und Utensilien. Im Hintergrunde große Glasfenster und Glasthüre. Rechts Thüre zur Wohnung, links zum Magazin. Vis-à-vis der Budel der Arbeitstisch Walzels.

1. Scene.

Wendl, Klampfel, eine **Dame** (welche soeben etwas gekauft, verläßt mit einem verliebten Blick auf Wendl, das Lokal).

Wendl (blickt ihr seufzend nach, nimmt sein Notizbuch heraus und schreibt, sich selbst diktirend). Numero drei, schlanke Blondine, Tanzschul, zehn Uhr, Dienstag.

Klampfel. Was schreiben's denn da?

Wendl. Ein Kaufmann muß vor Allem seine Handlungen verbuchen, um nicht, bei zu großen Effectuirungen, eine Kundschaft umsonst warten zu lassen.

Klampfel. Das versteh ich net.

2. Scene.

Vorige, zweite Dame tritt ein.

Wendl (zu Klampfel). Haltens mich, daß ich ihr nicht um den Hals fall, das is ja eine Fee! Mit was kann ich dienen, mein schönes Fräulein?

Dame. Oh, zu galant — Weinberln bitt ich.

Klampfel (der die Arme über Kreuz an der Budel lehnt): Is das heut wieder eine Remasuri, man weiß factisch nicht, wo man zuerst anpacken soll!

5. Scene.

Vorige, Schulbub.

Schulbub. Zwa Kreuzer Bockshörndln!

Klampfel. Grad heut muß unser Chef net da sein; am Ersten is immer so a Gerenn; bitte gleich — einen Moment.

Wendl (zur Dame). Wieviel bitt ich?

Dame. Einen halben Kilo.

Wendl. Genug um ein ganzes Menschenleben damit zu versüßen.

Dame. Is das aber ein artiger Mensch.

Schulbub (zu Klampfel). Sö, der Moment dauert mir schon a bißl z'lang – Eins is 's glei; und weg'n Ihnen laß i mi net am End noch einsperr'n.

Klampfel. So, bitte nicht ungehalten zu sein, hier sind die verlangten Bockshörndln.

Schulbub. Wann ich wieder was kauf, bitt ich um etwas mehr Aufmerksamkeit, empfehl mich!

Wendl (nachrufend). Junger Herr, ich bitte Ihrem Herrn Lehrer zu sagen, daß wir sehr schöne und feste spanische Röhrln hab'n, die alle ihrer eigentlichen Bestimmung zugeführt werden möchten. (Macht die Geberde des Schlagens.)

Schulbub (Grimasse und läuft weg).

Wendl. Das sind die Früchte der Humanität!

Dame. Sind's süß?

Klampfel. Die Früchte der Humanität?

Dame. Nein, die Weinberln.

Wendl. So süß wie Ihre Stimme. (Leise zu ihr.) Darf ich hoffen, einmal das Glück zu genießen, mich Ihren Reizen in Gala zu Füßen zu werfen?

Dame. Aber gehn's!

Wendl. O, Göttin! Königin! (Ergreift das neben ihm liegende Salamimesser.) Dieser Stahl sitzt in meinem Herzen wenn —

Dame. Also — ja — was thut man nicht Alles um ein Menschenleben zu retten!

Klampfel. Das ist edel, groß!!

Wendl. Wenn ich bitten darf um 10 Uhr Abends nach'n Zusperrn —

Dame. Am Schillerplatz!

Wendl (beglückt). Ah!!

Dame (ab).

Klampfel (nachrufend). Ich bitt! — Die Weinberln habn's vergessen!

Dame. Ah, so! — Danke. (Wirft einen verlieb'en Blick auf Wendl, ab).

4. Scene.

Wendl, Klampfel.

Wendl (seufzt ihr nach, nimmt sein Notizbuch heraus und dittirt sich). Numero 4 — 10 Uhr Abends, Schillerplatz — Donner und Wetter, sie hat net g'sag't wann! Alle Stunden von 10 bis halb 11 sind besetzt — Klampfel, Mensch — was soll ich machen?

Klampfel. Warten lassen.

Wendl. Unmöglich — das bin ich ihr und meiner Ritterehre schuldig, daß ich dort bin — o Schicksal — jetzt kann ich alle Tag um zehne am Schillerplatz passen.

Klampfel. Hörn's Sie habn a Narrenglück bei die Weiberleut.

Wendl (geringschätzend). Glück? Talent, natürliche Anlage, vereint mit einem schon mehr als gewöhnlichen Aeußern, haben mir einen anderen Lebenslauf vorgezeichnet und wenn mir mein Schicksal anstatt des Kasmessers ein Schwert in die Hand gedrückt hätt', die Welt hätt' mir gehört — der weibliche Theil sicher.

Klampfel. Ich thät für mein Leben gern auch einmal ein Rendezvous abhalten, aber, i hab halt Pech — bei meine Rendezvous bin i alleweil 2 Stund lang dort g'standen und nachher is Niemand g'kommen — dann bin i wieder z' Haus gegangen. Und amal wie wirkli eine kommen wär, da hab' i mi net hintraut.

Wendl (ironisch). Sie sind ein fescher Kerl!

Klampfel. Was habn's gsagt?

Wendl. Im übrigen sind ich das ja ganz natürlich; mit dem Exterieur — können's kein Glück haben bei die Weiber — lassens es lieber stehn.

Klampfel. Wegn was denn?

Wendl. Aber Mensch! — oder eigentlich erst im Werden begriffener Mensch — was woll'n denn Sie mit Ihnere abtretenen Trompetenhosen und verhatschten Stiefelabsätz und mit Ihnern Congreß-Deckel für einen Eindruck auf ein weibliches Herz machen?

Klampfel. I hab glaubt, ein Weib soll den Mann nach seinem inneren Werth messen?

Wendl. Glauben's mir, ein Mädel von heut' bemerkt ein Fleck auf Ihnern G'wand viel eher, als ein Fleck an Ihrem Charakter.

Klampfel. Sie können schon recht haben.

Wendl. Sie sind für das großstädtische Leben noch nicht verloren und mit etwas guten Willen und an neuchen Schachetel wirds schon gehen. Ueberlassen Sie mir die Adaptirung Ihres Aeußeren und in vierzehn Tagen sind Sie einer der gefürchtetsten Don Juans am ganzen Grund.

Klampfel. Wirklich, also sagn's mir nur was i noch brauch.

Wendl. Vorläufig hab'ns an dem genug, höchstens können's Ihnen noch öfters vor'n Spiegel stell'n und freundliche G'sichter einstudiren — denn wann man das saure Gurkeng'sicht anschaut, was Sö öfters schneiden — lauft ein'm ja 's Wasser im Mund z'samm.

Klampfel. I werd' halt a Zuckerl essen. (Blickt nach der Thür.) Jesses, da kommt der Herr v. Klemper!

Wendl. Der Klavier-Tieger.

5. Scene.
Die Vorigen, Klemper.

Klemper. Bon jours messieurs!

Wendl \
Klampfel } (zugleich). Habe die Ehre, Herr v. Klemper —

Klemper. Der Herr v. Walzel z'Haus?

Klampfel. Er is am Land.

Klemper. Was thut denn der am Land?

Wendl. Er sucht eine Sommerwohnung, wo er in Gesellschaft seiner liebenswürdigen Nichte die Sommermonate zuzubringen gedenkt, unterdessen wir — ich, der Klampfel und unser geehrter Herr Vorstehende, der Herr v. Stiegel — uns hier in Wien im Stanitzldrch'n weiter üben werden.

Klemper. Da wird aber der Stiegel a Freud' hab'n.

Klampfel. Er weiß noch nichts.

Klemper. Gut für ihn, man muß ihn auf das erschütternde Ereigniß langsam vorbereiten — wo is' er denn?

Wendl. Er ist jetzt beim Souper — wir werden ihn aber bald von dieser Anstrengung ablösen, dann kommt er und die Fräul'n Peppi in's G'schäft.

Klemper. Gut; da ist Gelegenheit — aber wann kommt denn der Walzel?

Wendl. Was hab'n denn Sie plötzlich für eine Sehnsucht nach'n Walzel?

Klemper. Nach ihm weniger —

Wendl. Ist der Gegenstand Ihres Kommens also finanzieller Natur?

Klemper. Ja, leider — aber passiver. — Sie wissen's also nicht, wann er kommt?

Klampfel. Bis er was Passendes g'funden hat.

Klemper. Das kann aber lang dauern —

Wendl. Ich glaub', daß er noch heut kommt, denn heut is ja Praterfahrt und ein schöner Tag auch noch, da wird er g'wiß dabei sein wollen!

Klemper (seufzend). Praterfahrt, o du höchstes meiner Ideale; — wann wird die Zeit kommen, wo auch ich einmal im Wag'n lahnen, ein langweiliges G'sicht schneiden und auf die schofeln Fußgänger herunterschau'n werd' und selbstzufrieden lächeln, wann die Leut sich zurufen werden — Segn's da fahrt der Klemper! — [Wer is denn der? fragt Einer. Jetzt kennt der d'n Klemper net! sagt ein Anderer. — no, der die neuche Oper „Der Urwiener" z'samcompernirt hat, wo das schöne Recitativ d'rinnet is, „weil i a alter Drahrer bin!"

Klampfel. I bitt, was is denn das, ein Recitativ?

Wendl. Jetzt weiß der nicht, was ein Recitativ ist!

Klemper. O, beneidenswerthes Menschenkind, das du nicht zu wissen brauchst, was ein Recitativ ist! — Wissen's, was ein Millirahmstrudel ist?

Klampfel. O ja.

Wendl. Das weiß er!

Klemper. Dann weißt Du auch, was ein Recitativ ist. Ein Recitativ ist der Millirahmstrudel der Musik. Es is' g'rad so lang und g'rad so süß; die Weinberln, die d'rinn sind, das is der Text, und die Milli, das is die Dudlerei, in der er herumschwimmt.] — Oh!

Klampfel. Was hab'ns denn?

Wendl. Sind's verliebt?

Klemper. Nein — hungerig. (Setzt sich auf den Bureau-sessel Walzels.)

6. Scene
Die Vorigen. Ein Herr.

Wendl. ⎫ Haben die Ehre, einen guten Tag zu
Klampfel. ⎭ wünschen.

Wendl. Mit was kann ich dienen?

Herr. Haben Sie eine Salami?

Wendl. Salami! — Nicht nur eine, sondern w a s für eine — ausgezeichnete —

Herr. Bitte um ein Stück zum Kosten.

Klampfel (gibt ihm ein Stück). Hier, bitt' ich.

Herr. Hm, hm, bitt' noch um ein Stück, ich bin noch nicht auf den Geschmack gekommen.

Klampfel (gibt ihm noch ein Stück). Bitte!

Herr (kostet). — Ganz gut. Aber ich glaub', daß sie für einen so schwachen Mag'n, wie meinen, zu schwer sein wird. — Da bitt' ich lieber um einen Schinken.

Klampfel. Wie viel, bitt' ich?

Herr. Ich möcht ihn zuerst kosten.

Klampfel (schneidet ein Stück ab und gibt ihm). Bitte!

Herr (kostet). Er wär' recht gut, aber für mein' schwachen Mag'n wird er zu sauer sein. — Ich bitte, geb'n's mir einen Käs.

Wendl. Auch zum Kosten?

Herr. Ja.

Wendl. Sö, wanns a Bier dazu trinken woll'n, so laß i Ihner schon ein's hol'n. Dann habn's wenigstens — fein z' Mittag g'gessen! Jetzt wird nix mehr kost.

Herr. Unerhört, so was, unverschämtes Geschäftsvolk, das gibts bei uns nicht; das kann man nur in Wien erfahren.

Wendl (nimmt die Salami und haut auf die Budel). Kruzi Türken, jetzt wird's mir z'dumm. Wann's jetzt net glei schau'n, wo der Zimmermann 's Loch g'macht hat, so hau' ich Ihner die Wurst am Schädel — schaut Aner so an Bengel an — frißt sich da umsonst an und nachher wär' er noch grob.

Herr (geht ab und bricht im Innern des Gewölbes die Thürschnalle, die mit Lärm zu Boden fällt).

Wendl. So, jetzt hat er uns die Schnall'n auch noch z'brochen! Klampfel! Rennen's ihm nach und wann er's net zahlt, laßn's ihn arretiren!

Klampfel (rennt zur Thür, kann aber nicht hinaus, da die Klinke zum drücken gebrochen). Ich kann net h'naus. I muß durch'n Hof geh'n, die Thür aufmachen! (Ab.)

7. Scene.

Wendl, Klemper, später Klampfel.

Klemper. Keine unnütze Aufregung — Geduld. Ich bitt' um ein Stück Wurst zum kosten.

Wendl. Das is eigentlich ein Plagiat, aber — (schneidet herunter).

Klemper. Bitt' Sie, rutschens a Biff'l aus und schneidens a vier fünf Finger daneb'n —

Wendl. Ihnen gibt man gern so a Stückel Wurst, da erfüllt man gleich ein patriotisches Werk damit, da unter= stützt man die Kunst (wirft ihm ein Stück zu). Da habn's!

Klemper. Besten Dank, aber ein Stamperl, bitte um ein Stamperl Rostopschin dazu, daß' mir nicht im Mag'n lieg'n bleibt!

Wendl. Das is eigentlich schon wieder ein Plagiat; — sagn's mir, leb'n denn heutzutag alle Musiker vom Ab= schreiben?

Klemper. Ich hab' noch nie was abgeschrieben.

Wendl. Aber i werd' glei was aufschreib'n.

Klemper. Ein Stamperl bitt' ich, s'is nur weg'n mein' Magen.

Wendl. Eigentlich sollt' ich Sie stampern, aber weil wir heute das Fest der zweitägigen Abwesenheit unseres Chefs feiern, drück' ich ein Aug' zu (Klampfel macht die Thür auf und läßt sie offen stehen) und schenk' zwei Stamperln Alpenbitter ein.

Klampfel. Machen's zwei Aug'n zu und schenken's drei Stamperln ein.

Klemper. Lassen's es lieber offen, daß's nix daneb'n schütten.

Klampfel (probirt die Schnalle). Der Safra hat uns die ganze Thür ruinirt, wann mir bei alle Kunden so viel profitiren, könnt'n m'r bald zusperr'n, da brauchten wir gar kan Schlosser mehr! (Tritt nach vorne.)

Wendl (hat drei Gläser eingeschenkt).

Klemper (nimmt ein Glas). Meine Herr'n! — Gönner und Kunstfreunde!

Klampfel | (verbeugen sich). Zu viel Ehre!
Wendl | Oh, bitte!

Klemper (trinkt aus). Nein — jedem Verdienst seine Krone. (Hält das Glas hin.)

Klampfel (schenkt ein).

Klemper (in seiner Rede fortfahrend). Meine Herr'n!

Wendl. |
Klampfel. | Bravo!

Klemper. Ich hab' noch gar nix g'redt und die schrei'n schon Bravo! Ich bitte, keine Unterbrechung! — Also noch einmal — Meine Herr'n!

Wendl. |
Klampfel. | Bravo!

Klemper. Maul halten! Unvorbereitet, wie ich bin, kann ich nicht umhin, meiner Freude umso beredter Ausdruck zu verleihen, als die Ursache meiner Freude eine Freude ist, die uns Alle freut!

Klampfel. | Großartig!

Wendl. | Lassens Ihnen in d'n G'meinderath wähl'n!

Klemper. Mir hat nämlich noch nie ein Schnaps so gut geschmeckt, wie der, erstens weil er nix kost' und zweitens, weil ihn der Walzel zahlt. — In Anbetracht dieses Opfermuthes des edlen Spenders beantrage ich, ihm den Dank der Versammlung durch Erheben von den Sitzen Ausdruck zu verleihen. Es lebe der edle Spender, hoch!

Alle Drei. Hoch! Hoch! Hoch! (Trinken aus.)

8. Scene.

Die Vorigen, Peppi von rechts.

Peppi. Da geht's ja sehr hoch her! Wer hat denn sein' Namenstag, wenn man frag'n darf? — Damit ich auch meine schuldige Gratulation gebührend (zeigt Schopfbeuteln) anbringen kann.

Klemper. Fräul'n Peppi — Pepperl! Trinken wir Bruderschaft!

Peppi. Was sind denn Sie heut so gut aufg'legt?

Klemper. Ja, das macht Ihre fascinirende Persönlichkeit, Ihre bezaubernde Erscheinung. (Zu ihr.) Ich hoffe, Sie werden uns nicht compromittiren und Stillschweigen beobachten.

Wendl, Klampfel (exaltirt.) Gnade! Gnade!

Peppi. Nun diesmal will ich noch Pardon üben, aber das ist das letzte Mal, und jetzt schaut's daß's alle drei zum Essen kommt's!

Klemper. Ha! — Sie lad't mich aus Straf' zum Essen ein — dieser Zartsinn muß belohnt werden. Stiegel, schenkens vier Stamperl Schnaps ein.

Peppi. Was treibn's denn?

Klemper. Ruhe! In Anbetracht der hohen Verdienste und freundschaftlichen Gesinnungen, welche unser Fräul'n Peppi bei jeder Gelegenheit für uns an den Tag legt, kann — kann — ich nicht mehr weiter und sag' nur, hoch lebe unsere hochverehrte, ehrenwerthe, vielbegehrte Gönnerin, die Fräul'n Peppi —

Wendl. Und ihr Liebster daneb'n!

Alle Drei. Hoch! (Stoßen an mit Peppi.)

Peppi. Man sieht, daß die Katz aus'n Haus ist. Jetzt aber schaut's, daß weiter kommt's. — (Alle Drei ab; Klampfel kommt noch einmal zurück und holt die Flasche.) Das is' ein Völk'l! — Der gute Humor is' doch eine schöne Erfindung; er faßt Alles von der heitersten Seiten auf; — wann ich's nur auch im Stand wär.

9. Scene.

Peppi, Sidonie an der Thür, später **Briefträger.**

Sidonie. Peppi! (Tritt ein.)

Peppi. Mizl! Du wieder einmal! (Umarmung.) Auf Dich soll ich eigentlich recht bös sein, Du garstig's Ding Du; über ein Jahr hast Du Dich nimmer anschau'n lassen.

Sidonie. Dafür bin ich jetzt da, um Dir zu sagen, daß ich Dich nicht vergessen hab'.

Peppi (mit liebenswürdigem Vorwurf). Na ja; wenn man sich für die Kunst einbildet, dann ist's halt unter Einem seiner Würde, mit einer ganz gewöhnlichen, ungekünstelten Person zu verkehr'n.

Sidonie. Was denkst denn Peppi!

Peppi. Du — Du bist mir zu traurig, als daß ich denken könnt', Du kommst nur weg'n mir allein daher; nit wahr — wir sind ja alte Freundinnen, geh', sag', hab' ich nicht Recht?

Sidonie. Ja, Pepperl!

Peppi. Kann ich Dir mit was helfen?

Sidonie. Weißt, ich hab' Dich erst wieder aufsuchen wollen, bis ich mein sehnsüchtig erwartetes Ziel erreicht hab', und nun zwingt mich das Schicksal, zu Dir zu kommen, wo ich noch nicht einmal auf'm ersten Sprießl steh', und bis hinauf, da sind noch viel.

Peppi. Du weißt, Dein Schicksal hat Dich bestimmt, einen unsicheren und schlüpfrigen Boden zu betreten, auf dem schon Viele vor Dir ausg'rutscht sind und nach Dir leider noch viel mehr ausrutschen und — niederfallen werden.

Sidonie. Dann wird mir mein Fritzl schon wieder aufhelfen; ich halt mich fest an ihm an, daß ich net fall'n werd'! — Denn i hab' ihn ja so gern, mein' Fritzl, und nur weg'n ihm probir ich's; Du, das wird schön werd'n,

wann wir alle zwei zusammen engagirt sind, er als Kapell=
meister und — ich als erste Operettensängerin!

Peppi (mit einem Blick nach rechts). Du, wer is denn
Dein Fritzel, ich ahn' bereits —

Sidonie. Ja, der is's.

Peppi. Der Klemper?

Sidonie. Ja!

Peppi. Das Wetterfahnl! — Also, war das keine
Spielerei, dazumal?

Sidonie. Nein; er is in mich fest verschossen, und ich
— ich hab' ihm auch so gern!

Peppi. Na, ich gratulire. Der Herr v. Klemper is
da d'rin bei uns auf Besuch, der wird eine Freud' hab'n,
soll ich ihn h'rausrufen?

Sidonie. Nein, nit um die Welt! Ich hab' im Ge=
heimen mit Dir was zu reden!

Peppi. Also, nur ungenirt; ich bin schon neugierig!

Sidonie. Du weißt, meine Liebe, daß ich seit meinem
Entschluß, zum Theater zu gehen, Niemand mehr hab', der
mich unterstützt, und muß nun die Kosten meiner Ausbildung
mir selbst herbeischaffen. Eine Zeit lang is's gut gegangen,
aber beim Theater braucht man viel Geld auf Toiletten, und
Sammt und Seiden is theuer. — Auf einmal bleib'n die
Bestellungen von dem Geschäft aus, in dem ich früher war,
und durch die ich mich so leidlich erhalten hab' —

Peppi. Arme Mizl!

Sidonie. Und jetzt steh' ich auf dem Punkt, daß meine
schönen Hoffnungen, die ich in die Zukunft gesetzt hab', zu
Wasser werden, wenn nicht auf eine andere Art eine Rettung
kommt. Da hab' ich aus Verzweiflung was gethan, was ich
jetzt bereuen muß, das mich bald in ein böses Licht g'stellt
hätt'. Ich bitt' Dich, Peppi, (hastig) da is ein Briefcouvert
und es is Geld d'rin — gieb's Deinem — Onkel!

Peppi (verwundert). Das versteh' ich nicht; Du bist
in Elend und Noth — und giebst meinem Onkel ein Geld?

Sidonie. Ja, 's g'hört ihm!

Peppi. Was, dem Onkel?

Sidonie. Ja, hör' mich an. Meine Freunde hab'n
mich, wie's gewöhnlich geht, wenn man sie einmal brauchen

würde, verlassen, und da hab' ich aus Verzweiflung an die Oeffentlichkeit appellirt.

Peppi. In der Zeitung?

Sidonie. Ja.

Peppi. Das hab' ich g'lesen. 's ist auf der letzten Seiten, gleich nach die Rendez-vous g'standen! Ich hab's sogar dem Onkel g'zeigt. Der hat d'rauf g'sagt, daß die letzte Seiten von einer Zeitung überhaupt eine Seiten is, die a anständig's Madel auf d' Seiten legen soll!

Sidonie. Na siehst, da hast die Einleitung. Vorgestern am Abend kommt zu meinem Erstaunen Dein Onkel zu mir und gibt mir hundert Gulden. Ich war glücklich und glaub' mich schon gerettet, da aber kriegt die Sache eine andere Wendung. Ich war bald überzeugt, daß der edle Menschen- und Kunstfreund das Geld zu einem ganz anderen Zweck gebracht hat, als ich's gedacht hab'.

Peppi. Der Onkel!?

Sidonie. Ich will's gleich wieder entrüstet zurück geb'n — aber er nimmt's nicht und sagt mir, er will in ein paar Tagen wiederkommen, um nachzufragen, ob ich dann auf seine unzweideutigen Absichten, die er nur zu deutlich durch seine gemachte Theilnahme hat durchschauen lassen, einzugeh'n gedenk'!

Peppi. Der Onkel!?

Sidonie. Ja; aber ich will's vermeiden, daß er wieder zu mir kommt. — Da Pepperl, nimm Du das Geld.

Peppi (noch immer starr vor Erstaunen). Der Onkel!!?

Sidonie. Ja — D e i n Onkel.

Peppi. Aber, ich trau mir's nicht zu nehmen!

Sidonie. Und ich trau mir's nicht zu b'halten!

Peppi. Was thun wir da? — Weißt was, wir schicken ihm's per Post.

Sidonie. Ja, das is recht, ich schreib' gleich die Adreß'. (Schreibt beim Bureautisch dieselbe.)

Briefträger. Unterthänigster Diener wünscht guten Tag! — Die Post ist in Person ihres geflügelten Boten da, um Ihnen ihre Gaben zu Ihren reizenden Füßen zu legen. Nummer eins, Geschäftsbrief; Nummer zwei, wieder Geschäftsbrief; Nummer drei, abermals Geschäftsangelegen-

heit; Nummero vier gehört Ihnen; wahrscheinlich Liebes=
brief, was nach den ausstrahlenden Quantitäten Veilchenduft
mich vermuthen laßt. Wünsche viel Glück und baldige Ver=
lobung — und wanns einen Trauzeugen brauchen, ich bin
immer zu einer Gefälligkeit bereit; auch wanns sein muß,
aus Freundschaft — Taufpath', bei Vergütung der Kosten.
Empfehl' mich schönstens und hoffe bald wieder das Glück
zu genießen, Ihnen die sehnsüchtigst erwarteten Schriftzüge
postwendend unterbreiten zu können.

Peppi. So, (nimmt den Brief von Sidonie) da können
Sie sich gleich verdienstlich machen; geben's uns da den
Brief recommandirt auf.

Briefträger. Wird pünktlichst besorgt. Empfehl' mich
bestens; ich hab' nur mehr für 13 Gassen 240 Brief' zu
expediren, aber sonst, momentan — (Mitte ab.)

Sidonie. Gott sei Dank! Mir ist ein Centner vom
Herzen g'fallen, also jetzt aber geh' ich wieder und, nicht
wahr, Du denkst net schlecht von mir?
(Reichen sich die Hände, Sidonie ab durch die Mitte).

Peppi. Das darf ich Niemand sagen. — Wer
schreibt mir denn da? (Riegel wird an der Auslage sichtbar).
Na ja, ich hab's ja g'wußt, der Riegel. Es gibt net bald
was, was so dumm ausschaut, als wann ein alter Herr
verliebt is. (Zerreißt den Brief und wirft ihn hinter die Budel.)

10. Scene.

Peppi, Riegel.

Riegel (eintretend). Das Bouquetterl is zwar klein,
aber es drückt alle meine stillen Wünsche aus. Roth is die
— Liebe, weiß — die Unschuld, und grün —

Peppi (einfallend). Is der Spinat.

Riegel. Nein, die Hoffnung, Sie zu besitzen!

Peppi. So ein Grün gibt's nicht!

Riegel (für sich). Sie beißt schon wieder. (Laut.) Is
der Herr v. Walzel da?

Peppi. Nein, wie Sie sehen, bin ich allein, und die
Hoffnung, die ich unter Ihrem Grünzeug zu finden hoff',
is die, daß Sie mein Alleinsein nicht wieder zu feigen An=
griffen auf meine Freiheit und Zukunft benützen werden.

Riegel. Nein, das wäre gemein — aber (leidenschaftlich) Angebetete meines Herzens! Wann wird das Eis der Zurückhaltung, das Dein Herz umgibt, durch die Sonnenstrahlen meiner Liebe schmelzen?

Peppi. Sie, d i e Sonnenstrahlen hab'n keine Kraft mehr und was das „Du" anbelangt, was Sie sich in Ihrer Blumensprache schon mehr, als erlaubt is, mir gegenüber in Anwendung zu bringen erlauben, so sag' ich Ihnen, daß ich von Ihnen das nicht mehr annehm'!

Riegel. Vielleicht nehmen Sie, meine Göttin, dieses kleine Zeichen meiner Zuneigung und unbegrenzten Verehrung als Genugthuung an.

Peppi. Lieber Herr v. Riegel, schaun's Ihnen doch einmal in den Spiegel und sagn's mir dann, könnten Sie nicht mein Vater sein?

Riegel. Da sind Sie Schuld daran, hätten's mich vor zwei Jahren g'nommen, da war der Riegel noch ein ganz riegelsamer Mann.

Peppi. Und ich ein Kind!

Riegel. Sie hab'n mich durch Ihre fortwährenden Abweisungen vor der Zeit zum Greis g'macht, übrigens is das nur äußerlich — innerlich glüht noch ein ganz gewaltsames, mordialisches Feuer, das der seit zwei Jahren alle Tag durch Sie verursachte kalte Tusch nicht zum Löschen im Stand ist. — Ach! (Stellt sich in verliebte Pose.)

Peppi (lacht).

Riegel. Sie lacht!

Peppi. Wann's Ihnen jetzt seh'n hätten können, was's für ein dummes G'sicht g'macht hab'n — Sie müßten ja mitlachen.

Riegel. Oh, Peppi, Sie machen sich also lustig über mich — Sie treten also das liebevolle Herz eines armen Jünglings mit Füßen — is' das der Lohn für meine treue Liebe und keusche Anhänglichkeit — a, keusche Liebe und treue Anhänglichkeit —

Peppi. Zudringlichkeit wär' besser.

Riegel. Hab' ich mir deßweg'n durch zwei Jahr alle Tag d' Haar brennen lassen, daß i vor lauter Brennen bald kein einzig's mehr am Kopf hab'n werd' — is das der Lohn für achthundertfünfundneunzig Morgenbegrüßungsbouquetterln, wo die Summe dafür allein hinreichen würde, um zehn plötzlich durch unverschuldete Unglücksfälle in's Elend gekommene Waisen zu retten!

Peppi. Seh'n's, das hätten's thun soll'n, da hätten's wenigstens einen Dank dafür.

Riegel. Oh, ich kann auch schmollen! Heut' war ich zum letzten Mal da!

Peppi. Wann's nur wahr wär'!

Riegel. O ja, es is wahr, und das Sträußerl nimm ich zum Andenken an mein verlorenes Glück mit, das nimm i mit mir in' Sarg, denn lang leb' ich eh nimmer.

Peppi. Schaun's, wie Sie mir z'wider werd'n. Alle Tag muß ich dasselbe anhör'n und das Bouquet, was Sie mir immer bringen, das nehmen's auch alle Tag mit Ihnen fort; morgen sind's ja ohnehin wieder da, und vergessen's nicht, morgen sind's schon wieder um einen Tag — älter — Sie alte Vogelscheuchen! (Links ab.)

11. Scene.

Riegel allein.

Vogelscheuchen! — alte Vogelscheuchen!!! Das is neu. Das hat's noch net g'sagt. Bis jetzt hat's mich nur immer „alter Steiger", oder wann ich gar zudringlich war, „Krippenreiter" g'nannt — aber Vogelscheuchen — das muß ich mir in mein Titular=Verzeichniß einstellen. Das Bouquetterl da, das is immer dasselbe, 's sind falsche Blumen, no ja, sie nimmt's ja eh nie an, und für mich sind die auch gut. Oh, Tyrannin, Schlange, Riesenschlange, gibt es denn kein anderes Mittel mehr auf der Welt, um dich zu bändigen. — (Nachdenkend.) Wenn sie aber in ihrer Herzkammer am End' ein' Zimmerherrn hätt' — aber das kann ja net sein, sie verkehrt mit Niemanden, geht nirgends allein hin, höchstens mit'n Walzel oder den Stiegel, aber da is ja nichts zu fürchten. — Kurzum, ich könnt' mir nicht denken, wer Derjenige wär'. — (Eine Idee fassend.) Das Bouquetterl macht keine Wirkung! (Wirft es weg.) Kaufen wir ein Braceletterl! (Mitte ab.)

2

12. Scene.

Stiegel von rechts, dann **Peppi**.

Auftritts=Lied.

1.

Der Winter ist vorüber,
Der Ueberzieher g'wendt,
I g'freu mich narrisch d'rüber,
Daß d' Sonn bald wieder brennt;
Es kommt der Mai hernieder
Und macht die Bäume grün,
Der Winterrock muß wieder
H'nein in's Versatzamt zieh'n.
O wundervoller Monat Mai,
Du schönster aller Zeit,
[: Du machst jetzt Alles wieder neu,
Sogar uns arme Leut'. :]

2.

Im Frühling da kriegt Alles
Umsonst ein neuches G'wand,
Und ich bleib's günstigen Falles
Halt schuldig vor der Hand;
Und in der neuchen Schäler,
Die Alles an jetzt hat,
Wird Alles gleich fideler
Am Land und in der Stadt.
Und mir, mir wird mein Herz so weit,
's sagt unter'm Westel tief
[: Man liebet zwar zu jeder Zeit,
Doch nie so intensiv. :]

Oh Frühling! Du mußt doch die Menschen gern hab'n, das beweist Dein alljährliches pünktliches Wiederkommen. Und anstatt daß ihm die Menschen dankbar dafür sind, thuns ihm noch alles Mögliche an. Was der Alles aushalten muß — wie wird g'schimpft, wanns d'n ersten Mai verregn't — wie viel unselige Gedichte entstehen in dem Monat allein und werd'n ihm beim Mondenschein vorg'sungen und er muß das Alles anhör'n — und wann's Jahr um ist, hat er der Menschheit schon wieder verzieh'n und kommt doch wieder. Ja, wann er nur wüßt, wie viel Kilo Frühlings= gedichte wir allein da unter der Makulatur hab'n — er kanns net wissen — denn da bleibet er aus. Ich steh im

Frühling meines Lebens und bin schon neugierig, wie die andern drei Quartal ausfallen werden. Vielleicht sagt mir der göttliche Hausherr auf, g'rad wann's am schönsten wird — übrigens, ein Leb'n ohne ihr, meiner Pepperl, wär ja eh kein Leb'n für mich, da besorget ich ja die Kündigung selber. I und mein' Pepperl kommen mir vor, als wie zwa Bäumerln. Die Eichen natürlich bin ich und der Epheu, der sich an mir halt', is sie, und der Sturm, der öfters über uns kommt und uns alle zwei fest durcheinanderbeutelt, das is — der Walzel. — Aberbenteln aber kann er mir's net, mir net — sie hat mich schon zu fest und zu oft umarmt. (Peppi tritt ein, Stiegel feierlich). Heut is der große Tag, der über mein und der Pepperl ihr Schicksal entscheiden wird. — Ich halt nämlich heut um die Hand von ihr an; ja — oh, die Courage, die hab' ich schon, wann da zum Beispiel der Walzel steht und da mein Pepperl — (bemerkt sie.) Alle guten Geister, wie kommst denn Du so plötzlich da her? Bist vom Himmel g'fallen?

Peppi. Vom Himmel net, aber aus'n Himmel, weg'n Deiner furchtbaren Courage. Die hab' ich bis jetzt noch nicht an Dir bemerkt.

Stiegel. Ich auch nicht, aber einmal muß was g'scheh'n. Ich halt diesen getrennten Zustand nimmer länger aus. Heut kommt der Walzel vom Land zurück, da is er vermuthlich in guter Laune — heut werd' ich vor ihm hin treten und sag'n: „Herr von Walzel, ich liebe Ihr Kind, wie mein eigenes — ah, was sag' ich denn, ich hab' ja gar kein's. — Jetzt seh' ich erst ein, daß man in so einem Moment doch was G'scheidt's reden soll. Ja, aber in ein' solchen Moment da red't halt 's Herz — und das is net still, wenn gleich die Vernunft sagt, jetzt halt 's Maul! Alles Eins, geht's wie's geht — das Verlobungsbouquet is schon bestellt, gleich wird's da sein, und das Verlobungs= geschenk — — besteht vorläufig aus einem langen Bussel — dem dann später noch viel längere folgen werden. Also, fixt Pepperl, mit mir bin ich im Klaren, es bleibt mir also nur mehr die Uebergabe meines Verlobungsgeschenkes übrig. (Will sie küssen.)

Peppi. Aber Stiegel! Jetzt net, es is zu licht — wann's wer seh'n thät!

Stiegel. Auch gut, also später mit Prozent!

Peppi. Franzl! Glaubst Du denn wirklich auf eine Zustimmung von meinem Onkel? Ich nicht!

Stiegel. Ich auch nicht! — Aber möglich ist Alles; schlagt er's ab, weiß ich wenigstens wie ich d'ran bin! — Es is schon ein ganz gemeiner Halterbub König word'n und hat eine Prinzessin g'heirat', warum soll denn nicht ein Mann von Bildung auch einmal ein Glück hab'n. — Den Walzel kost's ja nix, als ein einfaches „ja" und die G'schicht is aus. I hab' mein Weiberl und Du Dein —

Peppi. Mannerl! — Ja und von was wird denn dann das Mannerl und das Weiberl leb'n?

Stiegel. Ja — hm — das — das wird sich schon finden, und der, der die Rosen kleidet und die Spatzen am Dach füttert, wird uns doch auch was zukommen lassen.

Peppi. Oh Gott. Auf die Art hab'n wir noch einen weiten Weg!

Stiegel. Aber hoffentlich leg'n wir'n, ohne niederzuplumpsen, wohlbehalten zurück.

Peppi. Wir werden viele Planken übersteigen müssen.

Stiegel. Hm, lächerlich. Ich, Tourist, der ich schon, weiß Gott wie oft, die Gebirge von Grinzing bis Nußdorf bei starkem Nebel abg'stiegen hab — werd' Dich doch über so was hinüberbugsiren können.

Peppi. Du nimmst es gar ein Bissel zu leicht.

Stiegel (will sie küssen). Das Verlobungsgeschenk — Pepperl — das Verlobungsgeschenk —

Peppi (flüchtet sich, im Abgehen). Nit um ein G'schloß. (Links ab.)

Stiegel (allein). Mir kommt was net richtig vor; mir schwant so was; ich kann den Gedanken nicht erwehren — der Walzel is ein schlechter Kerl. Wie kommt der dazu, seit ein paar Jahr'n so aufz'hau'n. Er müßt höchstens einen Treffer g'macht hab'n — aber so dumm is er nicht — und dann gebet er ja 's G'schäft auf. Vielleicht find' ich in der Peppi den Schlüssel zu dem Geheimniß. Pepperl! — Peppi!

Peppi (aus dem Magazin). Was is's denn?

Stiegel. Du, ich muß Dich was frag'n. Sag' mir, was kauft denn der Riegel alle Tag bei Dir?

Peppi. Kaufen thut er nichts, aber er möcht gern was haben, was man bei uns nicht kriegt — eine Braut.

Stiegel. Und da kommt er zu Dir?

Peppi. Ja, hast Du denn noch nicht heraus, daß der Riegel der von meinem Onkel protegirte Bewerber um meine Hand is?

Stiegel. — Waaas? Der traut sich ein Aug auf Dich z'hab'n, er soll schau'n, daß ich ihm's nit ausschlag'; ich aber werd' jetzt zwei Aug'n auf ihn haben. (Vor Zorn lachend) Der alte Schwindler, Dein Mann! — Weißt, wann einmal die Fiakerpferd Cylinder trag'n, der Gemeinderath mit dem Tramway=Verwaltungsrath Bruderschaft trinkt und 's Gänsemädchen einmal ein festen Standplatz hat — dann kann auch das sein, aber bis dahin is noch Zeit. — Mein Kind, mir kommt diese unnatürliche Protection sehr verdächtig vor; — weißt Du gar nichts von Deinen Eltern?

Peppi. Net viel; das was mir unsere alte Kindsfrau erzählt hat, wie ich noch bei dem besten Freund meines Vaters zur Erziehung war.

Stiegel. Und das war?

Peppi. Daß meine Mutter bald nach meinem Eintritt auf diese Welt gestorben ist, und daß mein Vater ein so ein lieber guter Herr war — weiter is's nie kommen, denn da hat's immer so g'weint, daß nimmer reden hat können —

Stiegel. Das hat man von die alten Weiber! Da, wo's nix red'n soll'n, da schnatterns an Heuwag'n aus'm Weg, und da, wo die angeborne Mittheilungsgabe am Platz wär' — da können's net s' Maul aufmachen! — Und was is denn mit dem Freunde Deines Vaters gescheh'n, bei dem Du zuerst Deine Kinderschuhe aus'treten hast, und der zugleich Dein Taufpath' war — wie ich einmal g'hört hab'?

Peppi. Der is fort, nachdem er mich hierher gebracht hat, man sagt nach Amerika.

Stiegel. Alle diese Momente sind verdächtig! Aber am verdächtigsten is das, daß ich jetzt g'rad so g'scheit bin, wie früher!

13. Scene.
Die Vorigen, Wendl, Klampfel, Klemper.

Wendl, Klemper, Klampfel (kommen in sehr guter Laune aus dem Zimmer rechts).

Wendl. Ha! ha! ha! — Das ist schon zu dumm!

Klemper. Ha! ha! (Ebenso). Ja, aber es is wahr!

Klampfel (mit der leeren Flasche, ebenso). Derzähln's die G'schicht noch einmal. (Lachen alle drei fort.)

Stiegel. (verwundert). Ja, was giebt's denn da?

Peppi. Gotteswillen, die hab'n den ganzen Schnaps austrunken!

Klemper. Liebster Herr Stiegel, sehr geehrter Herr Stiegel, gebn's mir ein Bußel! Da liegt ein Bouquet auf der Erd. (Hebt es auf und behält es.)

Stiegel. Na, na!

Klemper. Wissen's, ich muß immer, wann ich an meine Sidonie denk, an die G'schicht von gestern am Abend denken, — ha, ha, ha, stellens Ihnen vor, gestern geh ich von meiner Sidonie, weils plötzlich Kopfweh kriegt hat, um a achte fort, begeg'n ich Ein' auf der Stiegn, der mir sehr verdächtig ausg'schaut hat.

Klampfel. Was 's net sag'n?

Klemper. Ihnen hab ich's ja eh schon amal derzählt, was wunderns Ihnen denn noch!

Klampfel. Also verdächtig, — weiter!

Klemper. Wissens auf der Stieg'n da is 's immer so stockfinster, da kann Einer alles sein und man sieht's nicht, also auch verdächtig! Die Sidonie aber, meine Sidonie, wohnt im letzten Stock; ich begeg'n ihn da, wo will er also hin? Zu der Sidonie, zu m e i n e r Sidonie!! Mir wird gleich heiß, und damit ich nur Etwas zur Rettung meiner bedrohten Ehre thu', hau' ich zu, g'rad am Cylinder. Na, mir war gleich um 10 Kilo leichter und hab' aber von dem an Stoß g'kriegt, daß i bis zum Hausthor g'flog'n bin, und meine Sidonie wohnt im 5. Stock — aber der Cylinder war hin — meine Liebe auch, macht aber nichts, ich bin gerächt. (Lacht, alle zwei fallen ein.)

Wendl. Das is eine Hetz, jetzt aber, meine Herr'n, fühl ich erst die Pflicht, dem edlen Retter seiner bedrohten Ehre, dem Herrn Klemper, ein Hoch auszubringen —

Stellung.
(Klemper, das Bouquet in der Hand, nahe der Thüre.)

| Wendl. | Klampfel. |
| Stiegel. | Peppi. |

Peppi. Bitt' Euch, gebts bald ein' Ruh!

Klampfel, Wendel. Der Herr Klemper lebe hoch!
Alle. Hoch! Hoch!

14. Scene.

Vorige, Walzel erscheint plötzlich an der Thüre.

Alle (erschrecken). Der Walzel!

Klemper und Walzel stehen sich einen Moment stumm gegenüber, plötzlich faßt sich Wendl und ruft.

Wendl. Der Herr v. Walzel is wieder da! Er lebe hoch, hoch!

Walzel. Ach so, mir gilt diese Ovation! (Gerührt.) Das ist sehr schön von Euch, daß Ihr mir bei meiner Wiederankunft einen so feierlichen Empfang bereitet; ich hab's auch erwartet —

Klemper (hält instinktiv das Bouquet vom Riegel hin.)

Walzel (nimmt es). Sogar mit Blumen stellt's Ihr Euch ein, das is zu viel. (Riecht.) Es sind zwar falsche, hoffentlich is Eure Freude echt. Pepperl! Das hab' ich g'wiß Deinem Zartsinn zu verdanken, komm' an mein Herz. (Drückt sie an seine Brust.) Und freut's Euch mit mir — jetzt bin ich wieder da. (Tritt mehr gegen die Mitte der Scene.)

(Klemper sieht ihm nach.)

Klemper. Der Cylinder kommt mir ungeheuer bekannt vor. (Ab.)

15. Scene.

Walzel, die Vorigen, ohne **Klemper. Wendl, Stiegel Klampfel** treten hinter die Budel. Peppi geht zum Bureau).

Walzel (geheimnißvoll verschmitzt). Ich war gar net am Land! (Lacht.) Mein Sommerquartier is schon lang b'stellt, — ich hab' zwei Tag umdraht! — Und die Hetz beim Heurigen, der Riegel hat ein' Mordaffen g'habt. (Lacht.)

Pepi. Der Herr Onkel wird heuer den Sommer am Land zubringen?

Walzel. Ja, mein Kind; ich werde einige Wochen die Gewölbluft mit der Landluft vertauschen. Ich hab's auch sehr nothwendig — es greift mich jetzt alles so an — alle Leut' sag'n, ich schau so überspannt aus — ah — abgespannt hab' ich sag'n wollen. Es greift mich alles jetzt so an, ich bin nicht mehr so g'sund wie früher — mir schmeckt kein Essen mehr — ich kann kein' Wein mehr vertrag'n — vorgestern hab' ich schon beim dritten Liter d'n Schnackerl g'habt — kurz und gut, alle diese Momente zwingen mich, eine gründliche Erholung aufzusuchen! — Ich muß auf's Land!

Stiegel. Ich wünsch', daß es dem Herrn Chef recht gut anschlagt.

Walzel. Dank schön — ich selber auch.

Stiegel. Und wo ist denn der Ort, der Ihnen Ihre erschütterte Gesundheit wieder geben soll?

Walzel. Ich werd' nach Kümmelbach geh'n. Das is ein Ort zur Erholung wie geschaffen. Es ist auch eine famose Weingegend und den Kümmelbacher hab' ich sehr gern; und wann meine liebe Nichte sich mir dankbar erweisen wird, wozu ich ihr in nicht allzuferner Zeit Gelegenheit geben werde, mir's zu beweisen, könnte ich mich entschließen, sie vielleicht einzuladen, die honigsüße Zeit der Erholung mit mir zu schlürfen.

Peppi (erschrickt und läßt die Briefe, die sie in die Hand genommen hat, auf die Erde fallen). Gott!!

Stiegel (nimmt das Käsmesser und droht ihm).

Walzel. Was sie für eine Freud' hat!

Peppi (die die Briefe aufklaubt, ganz verwirrt). Herr Onkel, die Post is kommen, ich hab's net aufg'macht — da, da is! Ich hab ohnehin g'wußt, daß bald selber da sein werden!

Walzel. Gib' her! Und Du, Wastel (zu Klampfel) bestellst mir ein' Anspanner, aber ein ordentliches Zeugel, ein offen's natürlich — für die Praterfahrt, und daß er mich net aufsitzen laßt, so fragst glei was er kost — (gibt ihm Geld) und zahlst 'n gleich aus und nachher sagst ihm, daß er 's Geld net glei versaufen soll, daß er noch in Prater abisind't. Peppi, Du aber, ziegst Dein allerschönstes Gwandl an und fahrst mit mir. Zuerst aber (gibt ihr seinen Cylinder) gehst h'nüber zum Huterer und laßt mir den Cylinder grad bögeln, (düster) der hat durch ein dunkles Ereigniß von gestern Abends total seine Façon verloren. (Rechts ab.)

Wendl (ab nach links.)

16. Scene.
Peppi, Stiegel, Klampfel.

Stiegel. Pepperl, das geht ja famos; mir scheint der Walzel hätt' Dich auch nicht ungern selber. Da is die höchste Zeit, daß was g'schicht. Und geht er wirklich auf's Land und nimmt Dich mit, dann adje ihr Häringsfasseln und Sardellenschachteln, dann kommt der Herr Stiegel nur mehr als Kundschaft zu Euch, denn dann geht auch er in die Sommerfrische. — Oh!

Peppi. Jesses das wär' schön! Geh'ns, Herr Klampfel, nehmen Sie den Cylinder mit, ich mag nicht so auf d' Gassen!

Klampfel. Gebn's nur her, i geh' ja ohnehin den Wag'n bestell'n! (Ab durch die Mitte.)

17. Scene.
Peppi, Stiegel.

Stiegel. Du? Was hat denn der Walzel damit g'meint, wie er Dich eing'laden hat, auf's Land, weißt, mit dem Beweis Deiner Dankbarkeit!

Peppi. Das weiß ich nicht! Vielleicht meine Verlobung mit'm Riegel!

Stiegel. Krutzi Firneis! Schon wieder der Riegel! Wie mir dieser Mensch plötzlich z'wieder is, da hat ka Mensch eine Idee! — Kurz, um zu wissen wie ich d'ran bin, wird heut auf alle Fälle ang'halten. — Krieg' ich Dich nicht willig, so brauch' ich Gewalt, kriegen muß ich Dich! Denn sonst geh' ich auch auf's Land!

Peppi (traurig). Ich weiß mir den Riegel schon vom Hals zu halten, aber trotzdem wird es noch viel Zeit brauchen bis uns zwei —

Stiegel. Der Zeitpunkt der Hochzeit is Nebensach! Das is eine Zeitfrage. Ich will nur endlich wissen, ob ich wirklich Hoffnung hab'!

Peppi. Ja aber Du kannst doch am End' nicht so lang privatisiren am Land.

Stiegel. Will ich auch gar nicht. Ich werde mir schon als Fremdenführer oder Badwaschel eine Existenz draußt gründen oder — als Schwimmlehrer! Da hab' ich sogar beste Gelegenheit Dich ohne Walzel zu seh'n.

Peppi. Gotteswillen nur nit als das!

Stiegel. Warum denn nicht; hast vielleicht ein schlechtes Gewissen?

Peppi. Du, mach mich nicht giftig!

Stiegel. Da is ja nix dabei! Heutzutag' muß man in der Wahl seiner Braut vorsichtig sein. Na ja! Man weiß ja heutzutag nicht was man heirath't. — Hint' hab'ns unsinnig aufpackt — vorn hab'ns lauter Dacheln, Mascherln und Falten, da wär mancher Bräutigam froh, wenn er einmal heimlich als Schwimmmeister das künftige Occupations= gebiet recognosciren könnte!

Peppi. Stiegel, ich kratzet Dir die Augen aus! (Schmollt auf dem Sessel Wendl's).

Stiegel. Na, sei so gut, ich bin froh, daß ich's hab; ich hab ja, wie ich bemerk, noch an die zwei zu wenig, um alle Angriffe auf Deine Person abzuwehren! Pepperl! Du, geh! Jetzt hab is schiech gmacht. — Na geh — so schau mich an — net? Du, mir fallt jetzt a Liedl ein, soll i Dirs vorsingen?

Nr. 2. Lied.

1.

Der echte Wiener is a Ding
Das leicht net was schenirt;
Er is a lock'rer leichter Fink
Ob's Schicksal auch sekirt.
Und packt ihn 's Unglück bei der Hand,
So singt er doch glei' munter,
Das rafft ihn auf, das halt' ihn z'samm,
Der Wiener geht net unter!

2.

Doch is er amal fest verliebt,
So is 's schon um ihn g'scheg'n,
Wann's Maderl sein Humor hat trübt,
Ihm aus'n Weg thut gehn
Und ein' Ersatz er nie mehr findt,
Da hängt glei s' Köpferl runter,
Dann geht, glaub mir mein liebes Kind,
Der b e s t e Wiener unter.

Peppi. (sieht ihn bewegt an, fällt ihm um den Hals und läuft, ihr Sacktuch vors Gesicht haltend, rasch ab).

18. Scene.
Stiegel allein.

Stiegel. Das (auf die Thür zeigend, wo Peppi hinaus ist) ist der Triumph meiner Stimm'! — Es ist doch eine eigene Sach' um die Lieb'; öfters bin ich dalkert wie ein kleiner Bub, öfters wieder bin ich so weich, daß ich gleich wanen muß, und öfters wieder, wann wer auf mich was red't, so brauch i glei eine kleine Ewigkeit dazu, bis ich zu mir komm'. Wann wer was verlangt, so kriegt er sicher ganz was anders. Dann red' ich wieder kein Wort und gleich darauf bin ich vom Thatendrang derartig erfüllt, daß mir **dann** erst leichter wird, wann ich mein Salamimesser einem armen unschuldigen Kaffeesack, der mir gar nichts gethan hat, bis aus Heft in den Leib renn', (leidenschaftlich) und wann dann die Kaffeekörndeln aus der Wunden rieseln, dann erst wird mir leichter, als hätt' ich ein großes Werk gethan. — Ha! ich fühl' schon wieder so eine herannahende Gemüthsbewegung — es is am Besten, ich geh vor's G'wölb, sonst is wieder was hin. (Geht mit Gesten ab, bleibt vor der Thüre stehen und grüßt alle vorbeigehenden jungen Damen.)

19. Scene.
Walzel schießt höchst erregt, einen offenen Brief in der Hand, aus der Wohnung rechts.

Ha, was is denn das? — Der Mallner schreibt mir von derer Losg'schicht, er weiß noch die Nummer und Serie genau von dem Los, was er der Peppi zum Taufg'schenk g'geb'n hat und weiß, daß da d'rauf ein Treffer g'fallen is und will heuer im Fasching nach Wien kommen und das Madl nach dem Wunsch ihres Vaters verheirathen; der heirath's am End selber! Sternlaudon, wann das heraus= kommt, daß ich, nachdem das Los g'zog'n war und das Geld eing'steckt und todtg'schwiegen hab', zum Theil in mein G'schäft h'neing'steckt, der Pepperl ein anders g'kauft hab — no ja, das is ja eigentlich nichts Schlechtes — eigentlich hab ich ja nur recht und billig g'handelt, die Pepperl is noch jung, so jung, daß sie noch immer Zeit hat, einen andern Treffer zu machen; aber **der** kommt und will das Geld hab'n! Was soll ich denn nur jetzt thun, durchgehen, ja wohin denn, mich hättens ja gleich bei der Falten, mich kennens ja überall — hab's schon — der Mallner wird die

Pepperl im Fasching bereits nach meinem Wunsch verheiratet finden, sonst bin i und 's ganze Geld verlor'n. Das muß mir g'scheg'n, Himmelkruzifuxlandon. (resignirt.) Der Riegel muß heiraten, und nimmt's den net, dann heirat' ich's weg'n meiner selber. — A so a Schlag — das überleb' i net. (Zornig ab nach rechts.)

20. Scene.
Stiegel dann Klemper.

Stiegel. Was fahrt denn der so um? (Erleichtert.) Ah! Das hat wohl gethan, die Zerstreuung allein hat mich schon wieder herg'richt', und die Pepperl hat an der Vollendung ihrer Toilette g'naht! (Freudig.) G'naht hat's.

Klemper. Der Moment is da, wo ich meine Wünsche ungestört vorbringen könnte, ich glaub', der Zeitpunkt ist gut gewählt, da der Walzel gut aufg'legt is! (Nimmt sich mehrere Anläufe und geht hinein.) Also, geh'n m'is an! (Rechts ab.)

21. Scene.
Stiegel, Klampfel mit Bouquet.

Klampfel. So, der Anspanner wär b'stellt und zahlt, und wird gleich da sein. Hat eh nix z' thun den ganzen Tag. (Zu Stiegel.) A Narr'ngeld hat er verlangt.

Stiegel. So? Was kost er denn?

Klampfel. Mein halbes Monats=Salair! Und der Bub von der Blumenhandlung hat mir das Bouquet da für Ihnen mitgeb'n.

Stiegel (erschrickt). Jesses das darf noch Niemand seh'n! — Geb'n's her! (Im Abgehen.) Und jetzt wird in die Gala g'sprungen!

22. Scene.
Wendl, Klampfel.

Wendl (aus dem Magazin, carambolirt mit Stiegel). Was hat denn der Stiegel vor?

Klampfel. Ich weiß net!

Wendl. Ihnen kann man doch fragen um was man will; Sie wissen nie was. — I bitt Ihnen, schau'ns Ihnen doch an, wie's wieder d'reinschau'n.

Klampfel. Wie macht man denn das? Ah richtig, jetzt hätt' ich bald d'rauf vergessen! (Nimmt einen Spiegel aus der Tasche.) Ich hab' mir ja ein' Spiegel kauft! (Sieht sich hinein. Macht anfangs ein saures Gesicht, das sich immer mehr aufheitert, je länger er hinein schaut und lacht dann hinein). Haha!

Wendl. An dem is Hopfen und Malz verloren! Na, hab'n's es g'seh'n?

Klampfel. Ja.

Wendl. Also schau'n's her; Sie erbarmen mir; ich will Ihnen an die Hand gehen und versuchen, Ihnen jene Politur zu verschaffen, welche nothwendig ist, daß Sie im Stande sind, Ihre Jugend nicht unbenützt verstreichen zu sehen! Zum Beispiel, nehmen's an, wir befinden uns jetzt im Stadtpark —

Klampfel. Aber gehn's, wie können wir uns denn jetzt in Stadtpark befinden, wenn wir da steh'n.

Wendl. Aber Mensch, wir nehmen ja nur an!

Klampfel. Ah, so!

Wendl. Also im Stadtpark, ich bin das schöne Kind —

Klampfel. Hör'n's, bildens Ihnen net z' viel ein, alles was recht is —

Wendl. Aber wir nehmen blos an!

Klampfel. Ah so, wir nehmen nur an!

Wendl. Das schöne Kind, was Sie verfolgen und das auf einer Bank sitzt (setzt sich auf Walzels Sessel) und strickt.

Klampfel. Jetzt is 's mir z'dumm. Schamens Ihnen wie Sie lüg'n können; erstens is das kein' Bank, sondern ein Sessel und zweitens können Sie gar nicht stricken.

Wendl. Sag'n's mir, sind Sie schon g'firmt?

Klampfel. Warum? — Nein!

Wendl. Man sieht, daß der heilige Geist noch nicht über Sie g'kommen ist. Ich nehme ja nur an, daß im Stadtpark auf einer Bank ein Fräulein sitzt. —

Klampfel. Wo is denn jetzt auf einmal 's Kind hinkommen?

Wendl. Was für ein Kind?

Klampfel. Na, Sie hab'n doch früher g'sagt, Sie stellen ein schönes Kind vor.

Wendl. Ich glaub der Moment wird bald da sein wo ich ihn niederhau. — Kind oder Fräulein das is ja alles Eins.

Klampfel (indignirt). Einer Fräul'n, der ein Kind alles ist, steig ich nicht nach!

Wendl. Ich glaub ein Ochs ist leichter zu dressiren. (Fortfahrend). Auf der Bank sitzt und strickt, was würden Sie da thun?

Klampfel. Ich würd mir denken, du strickst mir lang gut. Kind alles eins!

Wendl. Aber wann das zufällig oder nicht, Ihre Angebetete is, mit der Sie 's erste Mal allein z'sammkommen.

Klampfel. Na ja, das müssen's sag'n, — so einer Person is aber auch ein Kind nit alleseins. — Da würde ich — ich — ich

Wendl. Also Sie gehen spazieren und erblicken sie plötzlich. —

Klampfel. Da werd ich immer vorbeigeh'n und (in seinem Spiegel ein Gesicht studirend) so hinschauen.

Wendl. Da werd'n Sie's fangen. Nein das ist nichts; wechseln wir die Rollen; setzen Sie Ihnen daher. So und jetzt sind Sie das schöne Kind.

Klampfel. Na ja, wenn etwas eine Berechtigung hat, so sagt man ja nichts.

Wendl. Und ich bin Sie.

Klampfel (Pose). Jetzt wirds mir bald zu dumm.

Wendl (drückt ihn auf den Sessel). Da bleibens sitzen und schaun's mich an, das was ich thu', das hätten Sie an meiner Stell thun sollen. Also kokettirens mit mir!

Wendl (geht in Gedanken von der Thür auf ihn zu, bleibt plötzlich wie gebannt stehen). Ha! Ist's Wirklichkeit oder Blendwerk; ist das ein Traum oder ein Phantom, das meine Sinne gefangen nimmt!! Sei meiner Sehnsucht gnädig, du —

Klampfel. Na hörn's, jetzt sind's schon per Du mit mir, das geht aber ein bisserl schnell.

Wendl. Niemals ist man zu schnell, immer zu langsam — und schenk mir ein Zeichen Deiner Huld. —

Klampfel. Was soll ich ihm denn geb'n? (Gibt ihm vom Bureau eine Kielfeder.) Da!

Wendl. Was soll denn das heißen?

Klampfel. Sie hab'n doch g'sagt, schenken S' mir was!

Wendl. Aber warten's doch, was ich sag'n will! Und schenke mir ein Stündchen Zeit, daß ich mein Herz Dir kann zu Füßen legen.

Klampfel. So viel Zeit hab ich net, denn ich muß jetzt dem Walzel sein'n Cylinder hol'n vom Ausbögeln.

Wendl. So gehst Du nicht von mir!

Klampfel (steht auf).

Wendl. Du stößt mich also von Dir, Angebete meines Herzens. (Nimmt in Ekstase ein Messer von der Budel.)
„So sei nun dieser Stahl
Der Retter meiner Qual".

Klampfel. Der is ein Narr!! (Läuft davon durch die Mitte.)

Wendl. Von Zeit zu Zeit ist eine solche Aufregung eine wahre Wohlthat, aber der bleibt sein Lebtag vernagelt.

23. Scene.

Wendl, Klemper, später **Peppi** schön gekleidet. Im Zimmer rechts entsteht ein großer Lärm, als dessen Schluß Klemper hinausgeworfen wird, dem sein Hut nachfolgt und in der Mitte der Bühne sitzen bleibt.

Wendl. Mir scheint Ihre Angelegenheiten sind, trotz Ihrer persönlichen Bemühung, nicht in die von Ihnen gewünschte Ordnung gekommen.

Klemper (am Boden sitzend in komischer Verzweiflung). Mir das! — Ich, ein Künstler von Gottes Gnaden, pneumatisch befördert — hinausgeworfen von einem Greißler! Ha! Das ist beleidigter Künstlerstolz. Ich schwöre Dir Rache elende Krämerseele, Rache! Furchtbare Rache! Und wann ich bis Kümmelbach zu Fuß hatschen muß, um Dir Deinen Landaufenthalt zu versüßen — so hatsch' ich!

Wendl. Mir scheint, daß die gute Laune unseres Chefs bereits vorüber ist.

Peppi (zur Ausfahrt gekleidet). Aber Klemper, wie schau'n denn Sie aus, was is denn g'scheh'n.

Klemper. So schaut ein Musiker aus, dem die Saiten der Sanftmuth gesprungen sind; gescheh'n is bis jetzt noch nichts, aber es hätt' was g'scheh'n können, wann mir der Walzel net bald aus'm Gesichtskreis g'kommen wär — doch ich verachte die Gemeinheit — ich hab ihm den Rücken gekehrt und bin mit majestätischer Ruhe, wie der Herr Wendl bezeugen kann, bei der Thür h'nausg'flog'n.

Peppi. Ja, was haben's denn vom Onkel woll'n?

Klemper (steht auf). Na, wissen's, Ihner sag' ich's. — Sie haben von jeher mein Vertrauen besessen. — Ich hab' in einem Anfalle von Geistesverwirrung und von der Macht eines grausen Schicksales dazu getrieben, mein' Geig'n versetzt, um einem armen Collegen aus der Noth zu helfen — und da hab ich mir vom Walzel fünf Gulden ausleihen woll'n, damit ich's wieder auslösen kann, weil ich's heut auf d' Nacht unbedingt brauch!

Peppi. Der Colleg wird wahrscheinlich Klemper heißen.

Klemper. Könnte sein.

Peppi. Armer Klemper!

Wendl. Da sein's an den Rechten kommen.

Klemper. Er hat bis dahin noch nichts g'sagt g'habt, aber wie ich ihm versprich, daß ich ihm dafür aus Dankbarkeit zwei Karten ins nächste Klavier-Concert bringen will, da wars aus — da scheint er erst zum Bewußtsein g'kommen zu sein, was ich woll'n hab'. Früher hat er alleweil in ein' Brief h'neing'schaut, ganz verlor'n. Es muß sehr was wichtiges d'rin g'standen sein, denn er hat ganz blöd d'reing'schaut.

Peppi. } Was soll denn das bedeuten?
Wendl. } Was D' net sagst? Da is was nicht in Ordnung.

Klemper. Ja, i bin froh, daß ich wieder heraußen bin.

24. Scene.

Vorige, Klampfel mit Cylinder.

Klemper (zu Wendl.) Sie, jetzt war ich bei der Sidonie-Stellen's Ihnen vor, die hat g'läugnet. Sie sagt, es war gar Niemand da!

Wendl. Glaub'ns ihr's halt — es is am Besten.

Klampfel. So, der Cylinder is wieder herg'richt! (Ihn betrachtend.) O, Du mein Herzenswunsch, wann wirst Du in Erfüllung gehen!

Wendl. Zu was brauchen denn Sie einen Cylinder; den hätten's rein nur zum Antreib'n.

Klampfel (drohend). Sö!

25. Scene.
Vorige, Walzel.

Walzel (geht mit verhaltener Wuth auf sein Bureau und wühlt in seinen Papieren herum).

Alle. } Ah!
Klemper. } Der Elende! (Springt über die Budel und versteckt sich.)

26. Scene.
Die Vorigen, Stiegel in Gala.

Stiegel (mit Bouquet und im Frack, von links kommend).

Peppi. Gotteswillen, der wird doch nicht jetzt — (Macht ihm Zeichen zum Weggehen.)

Stiegel (zu Peppi). Ich komm' ja eh schon! (Räuspert sich. — Kleine Pause.) Herr von Walzel! (Kleine Pause.) Herr von Walzel!

Walzel. Was will denn der in dem Aufzug? (Schroff.) Woll'n S' tanzen?

Stiegel (fährt zurück, verwirrt). N—n—nein, hei— heiraten.

Walzel. Als wann der Mensch kein'n andern Beruf hätt' als z' heiraten. Schau'n S' mich an; schau ich schlecht aus? — Und bin auch nicht verheirat'; ich dank unser'm Herrgott alle Tag dafür. 's is schrecklich wie's mancher Mensch nicht erwarten kann, sich in's Unglück zu stürzen. Er hat nix, sie wahrscheinlich auch nix, na, da gleicht es sich ja wunderschön aus, da kann Eins dem Andern nix vorwerfen. Das wird doch kein Ernst sein?

Stiegel. Furchtbarer Ernst. Mir is so ernst, daß mir schon jeder G'spaß vergangen is. Herr von Walzel! Die schöne Red', die ich mir ausdenkt und auswendig g'lernt hab', is mir jetzt vor lauter Aufregung im Hals stecken

3

'blieb'n. — Schau'ns mich net so fuchsteufelswild an, sonst bring' i gar nix außer. Sie wissen, daß ich durch volle zehn Jahr', mit Ausnahme der Zeit, wo ich auf's G'wand g'lernt hab', eigentlich ich das G'schäft g'führt hab' und während der ganzen Zeit mich treu, ehrlich und fleißig aufg'führt hab'. (Es fährt der bestellte Wagen vor.)

Walzel. Na ja, schön von ihm, aber was geht mich denn das an, er kann ja heiraten wann und so oft er will; ich mein' ihm's ja nur gut und will ihn vor einem voreiligen und unüberlegten Schritt warnen, daß er's nicht bereut. Aber wann er durchaus will, so kann er ja heiraten, wann er dann noch in mein' G'schäft bleibt, so kriegt er mein' Segen und zwa Flaschen Schampes noch extra dazu.

Stiegel. Geduld — aber der Gegenstand meiner heißesten Wünsche ruht in Ihren Händen und nur Sie allein können mich unendlich glücklich, oder namenlos unglücklich machen.

Peppi. Gott im Himmel! (Macht Zeichen zum Aufhören.)

Walzel. Ja, zum Teufel h'nein, was meint er denn damit?

Stiegel (nimmt sich einen Anlauf). Nun, endlich muß's heraus — — — die (stottert) Pe—pe—pe-perl!

Walzel. Waaaas?!! — Is er verrückt? Ja, was glaubt er denn? (Rauh.) Peppi, setz' Dich derweil in den Wagen, daß Du nicht Zeugin einer Justificirung zu sein brauchst —

Peppi (bittend). Onkel?

Walzel (barsch). Einsteig'n sag' ich —

Peppi (geht weinend zum Wagen und nimmt Platz).

Stiegel (Bouquet und Hut in der Hand, für sich). Mir scheint, die G'schicht geht schief!

Walzel. Ja was glaubt er denn eigentlich! Glaubt er vielleicht, daß ich das Kind dem erstbesten dahergelaufenen Speculanten in die Arme wirf, der nix is und nix hat, als seine dalkerte Liebe?

Stiegel (mit erhobener Stimme). Herr von Walzel! Nehmen's Ihnen in Acht, daß ich Ihnen nix an Ihnern gefühllosen Perrückenstock wirf. — Meine Absichten auf Ihr Kind, was eigentlich gar nicht Ihr Kind is, und das Sie eigentlicher gar nix angeht — sind ehrlich — und ich liebe sie grenzenlos.

Walzel. Hör' er mir mit seiner balkerten Lieb' auf, von der kann er sie nicht erhalten — und da ich sehe, daß er den Aufenthalt in meinem Hause nur zur Erreichung seiner schoflen Pläne benutzt hat, so hab' ich nur ein Wort mehr für ihn und das heißt — hinaus!

Stiegel. So, Sie werfen mich hinaus, das is also der Lohn für meine Plag.

Walzel. Ich glaub' kaum, daß ihm die Plag viel Plag g'macht hat. Ja is er noch da, hinaus sag' ich!

Stiegel. Gut, ich geh, führ'n Sie's G'schäft allein, wann's es im Stand sein. Aber bevor ich geh', muß ich Ihnen noch sagen, daß Sie sich mir gegenüber stets sehr schofel benommen haben und ich nur aus Liebe so lang bei Ihnen blieben bin, aus Liebe zu meiner Pepperl!

Walzel. Mich trifft der Schlag! Meiner Pepperl Hinaus!

Stiegel. Ich bin noch nicht fertig. Aber in dem Moment, in dem ich Ihrer Handlung verlaß, hab' ich eine andere Handlung zu vollbringen und die heißt, wo ist der rechtmäßige Besitzer meiner Pepperl, der alleinig d'rüber was z'reden hat. Und der Augenblick is jetzt da. (Höhnend.) Leb'n's wohl, Herr von Walzel!

Walzel. Hinaus!

Stiegel. Und zerspringen's net. (Läuft aus dem Laden.)

Klemper (folgt ihm).

Walzel. Der is auch noch da! (Nimmt eine Orange von einem Gestell und wirft ihm dieselbe nach, die aber in eine Spiegelscheibe fliegt und selbe mit großem Geklirr zertrümmert). Das auch noch! (Stiegel und Klemper setzen sich, nachdem sie die Thür hinter sich zugemacht, zu Peppi in den Wagen, und zwar Klemper am Bock und Stiegel in den Fond, der mit ihnen fortfährt; sie winken mit den Hüten).

Walzel (rennt wüthend nach, kann aber, da die Schnalle gebrochen, nicht hinaus. — Schreit.) Der fahrt jetzt mit ihr in Prater und ich hab' den Wag'n zahlt — das überleb' ich net! — (Bricht zusammen und setzt sich auf das Häringsfaß, in das er halb hineinfällt und mit den Füßen zappelt).

(Musik fällt ein und es senkt sich der Vorhang.)

Ende des ersten Aufzuges.

2. Aufzug.

Erstes Bild.

Der Hauptplatz in Kümmelbach, welcher festlich decorirt ist. Im Mittelgrunde der Bühne rechts eine Schaubude, an deren Außenseite ein lebensgroßer „Wilder" gemalt ist. Links ein Gasthof, einige Stühle und ein Tisch stehen vor der Thür. Im Fond der Bühne steht eine Versenkung offen, die ein Brunnenbohrloch vorstellt, unmittelbar dahinter befindet sich noch der ausgehobene Erdhügel.

1. Scene.

Weghuber und **Schmalzl** sitzen vor dem Gasthaus.

Weghuber (als Commandant des uniformirten Bürgercorps). Und ich sag' Euch — der Röhrbrunn' kommt daher. (Auf das Loch weisend.) Er muß daher am obern Platz; warum? Weil der Bürgermeister als Oberster der Gemeinde net das Denkmal seines fünfundzwanzigsten Amtsjubiläums am untern Platz aufstell'n lassen kann. Dort soll der Vice-Bürgermeister sein's hinsetzen, wann er's erlebt. — Das wär' ja d'verkehrte Welt, wann's umgekehrt wär' — unsere, die Bürgerpartei ist zu groß, die Bauernpartei muß unterliegen; nur unser Projekt hat einen Sinn —

Schmalzl (ebenfalls uniformirt mit Gewehr). Ja, aber der Bürgermeister —

Weghuber. Muß mir zustimmen, wann er seine fünfundzwanzig Jahr net auch will mit einer Dummheit abschließen, die hat er schon während der Zeit g'nug g'macht. Wann nicht — so hat unser Tarok-Tapper aufg'hört zu sein — ich gib' nicht nach und bin neugierig, ob ich nicht auch einmal bei uns in Kümmelbach im Stand bin, was g'scheidt's durchzusetzen.

Schmalzl. Da hab' i die Listen unserer Parteimänner. (Nimmt sie aus der Patrontasche.) Fünfzehn Stimmen g'hör'n uns.

Weghuber. Viel zu wenig. Wir müssen wenigstens a Stuck a zwarazwanz'g z'samm'bringen. (Liest.) Der Obermaier is ja net dabei?

Schmalzl. Der hat g'sagt, es is ihm alles eins, wo der Brunn' hinkommt, wann er nur a'mal überhaupt wohin kommt, so is er schon z'frieden.

Weghuber. Da hat man schon wieder ein klares Beispiel von der Interesselosigkeit der jetzigen Generation den wichtigsten Ereignissen gegenüber — was is's denn mit'm Revierförster?

Schmalzl. Der hat g'sagt, ich soll ihn auslassen mit solche Dummheiten, er trinkt das ganze Jahr kan Wasser, folglich geht ihn auch der Röhrbrunn' nix an.

Weghuber. Steht der net heut' am Krautberg und commandirt die Artillerie?

Schmalzl. Ja!

Weghuber. O, ich bin im Stand und nag'l ihm die Böller zu. — Und der Teldorfer?

Schmalzl. Der hat g'sagt, er wird erst dann eingreifen, wann der Brunn zu nahe an a Wirthshaus kommt.

Weghuber. Das is auch ein Ignorant!

Schmalzl. Ich glaub' immer, wir verspiel'n.

Weghuber. Was? Verspiel'n? Die ganze Bürgergard hat mittelst Befehl für unseren Antrag zu stimmen!

Schmalzl. Na ja, das sind achte — und siebene vom Civil san fufzehne — mehr krieg'n wir nicht!

Weghuber. Das Loch hab' ich auf meine Kosten grab'n lassen und ich werd' mich so lang hineinlegen, bis wir durchdringen!

Schmalzl. Aber am untern Platz hat schon die Bauernpartei graben lassen — ich hab' g'hört, daß gestern auf d'Nacht der Nachtwacher in ein's h'neing'fall'n is und hat bis in der Fruah net außa können —

Weghuber. Is ihm recht g'scheh'n, war er g'wiß wieder b'soffen. — Hat er die Liste von der Gegnerpartei?

Schmalzl. Ja! (Sucht in seiner Patrontasche und nimmt verschiedene Eßwaaren heraus, die er auf den Tisch stellt.) J glaub sie is ganz unten.

Weghuber. Lassen's es drinn' und stecken's Ihner Munition wieder ein und geb'ns acht, daß nix g'schieht! — Aber ein's sag' ich der Gemeinde, wann der Röhrbrunn' in der untern Stadt eing'setzt wird, so ist Kümmelbach um ein' Feldherrn ärmer. Ich laß' mich pensioniren und tritt aus allen politischen Vereinen, mit Einschluß des Schützen= und Veteranen=Vereines aus — und stimmt der Pfarrer mit der Gegenpartei, dann tret' ich auch aus der Erzbruderschaft aus und leg' das Protektorat des Jungfernbundes nieder. (Im Abgehen.) So, jetzt wißt's es.

Schmalzl. Aber na, net!

Weghuber. Ja!!

2. Scene.

Wastelbauer, Kilian von links, die **Vorigen** treffen zusammen und messen sich mit Blicken des tödtlichsten Hasses, weichen in großen Bogen aus. Weghuber und Schmalzl ab nach rechts.

Wastelbauer. Dö zwa wern a g'haut; wann der Röhrbrunn' net da aufg'stellt wird, wo mir wollen, so wird überhaupt Alles g'haut, was dagegen g'stimmt hat!

Kilian. Mir san unser fufzehne, mir müssen Recht krieg'n, sunst wird Alles g'haut.

Wastelbauer. Daß do dö Leut das net begreifen woll'n. Der Bürgermaster, der haßt Unterberger, wie kann der sein Monument am obern Platz aufstellen, dös wär' ja gegen die Logik.

Kilian. Geh'n ma da eini unser Gall abischwemmen.

Wastelbauer. Net da, da hat sich die Bürgerpartei festg'setzt, unsere sitzt beim „blauen Aug."

Kilian (im Abgehen). Und wann der Bürgermaster uns net recht gibt, wird er a g'haut!

3. Scene.
Vorige, Lord.

Lord (im Reisekostüm kommt von links).

Kilian. Wo is denn der auskommen?

Wastelbauer. Das is ja ein reisender Engländer.

Kilian. Ja, wie kommt denn der nach Kümmelbach?
Waflelbauer. Wahrscheinlich is er verruckt?
Kilian. Anders wär's eh' nöt möglich. (Ab links.)

4. Scene.
Lord, John.

Lord (setzt sich auf zwei Sessel).

John (tritt aus der Bude). Eure Lordschaft! Der Wilde ist bereit, unter den festgesetzten Bedingungen seinem Herrn durchzugehen und seine Stellung als Groom bei uns anzutreten!

Lord. Well, bring' er ihn also heraus.

John. Gleich — aufzuwarten! Damit uns unser Plan besser gelingt, hab' ich dem Piep seinen Mantel und Cylinder mit'bracht, den muß der Schwarze anzieh'n und wir können dann abfahr'n.

Lord. Well, — aber wo ist the Direktor?

John. Sitzt mit seinem Affen drüben im Wirthshaus und versauft von dem Pfund, was Sie ihm für die Separat-Vorstellung g'geben hab'n, an Quintel um's andere. Er sieht bereits Alles doppelt; folglich wann er auch uns sieht, wie wir mit seinem Schwarzen abfahr'n, so glaubt er es is eh' no einer da und es is gar net seiner.

Lord. Well, aber gesch'wind!

John (geht in die Bude, aus der gleich darauf ein Schwarzer in Dienerlivrée mit ihm heraustritt) So, da sind wir und jetzt heißt's, wie wir auf old english sagen „tschucken".

(Beide machen vor ihrem Herrn ein Compliment, der sich erhebt und rasch fortläuft, welchem sie Arm in Arm folgen; nach rechts).

5. Scene.
Director Scaffato.

Director Scaffato (kommt etwas angesäuselt aus dem Wirthshaus und sieht die Entführung). Himmellaudon — mein Jaquerl fahrt mir a, kruzitürken, der is mir no a Menge Vorschuß schuldig — Jaquerl! (Rennt ihm nach und fällt aber in das offenstehende Bohrloch.) Ah! (Schimpft in der Gruben weiter.) Aufhalten, sacramento, i kann net außer 2c.

6. Scene.

Wastelbauer, Seppl, ein paar Bauern.

Wastelbauer. Mir scheint, da is Aner in Brunn g'fallen!

Seppl. Ja, der Director. — G'schicht ihm recht, warum sauft er so!

Wastelbauer. Ziagts'n außer!

(Beide helfen ihm heraus, der gleich darauf davonläuft.)

Wastelbauer (zu ein paar Bauern). Und deckts das Loch zua, sonst fallt no Aner cini!

7. Scene.

Mehrere Bauern, Vorige, Wachter trommelt.

Wachter. Von einem löblichen Bürgermeisteramte in Kümmelbach). Es wird bekanntgegeben, daß die endgiltige Entscheidung, wo das Erinnerungszeichen des fünfundzwanzigsten Amtsjubiläums unseres Bürgermeisters hingesetzt wird, heut' nach der Festmeß' gesch'n wird. — Ferner ist höheren Ortes schon öfters bemerkt worden, daß Ös Bauern, anstatt am Sonntag in die Meß' z'geh'n, alle in die Wirthshäuser herum liegts und sauft's. Da nun eine löbliche Gemeinde-Vorstehung in Erfahrung gebracht hat, daß die Wirthshäuser den ganzen Tag offen sind, die Meß aber nur ein' Stund' dauert, fürderhin alle Wirthshäuser während der Meß' vorn zuzusperren hab'n; dasselbe gilt auch von allen öffentlichen Schaustellungen und Belustigungen. Sollten aber, trotz dieser Mahnung, einige so gottvergessene Lümmeln darunter sein, die diese Verwarnung nicht achten, so wird unnachsichtlich mit einem Kreuzhimmeldonnerwetter dreinfahr'n, der Bürgermeister. (Trommelnd ab.)

Wastelbauer. Habt's es g'hört? Die Wirthshäuser werd'n vorn zug'sperrt!

Seppl. Dös macht ja nix, laß' ma uns halt einispirrn.

Wastelbauer. Da steckt g'wiß wieder unser Pfarrer dahinter. (Die Kirchenglocken beginnen kurz zu läuten.)

Seppl. Heunt geh' i eini, heunt is a Ausnahm; aber sonsten net. (Gehen murrend ab rechts.)

8. Scene.

Walzel, Peppi von links.

Walzel (mit viel Handgepäck und hat in den rückwärtigen oder Seitentaschen zwei Weinflaschen sichtbar stecken). So, da sind wir endlich; Hitz hab'n m'r g'nug ausg'standen und wann i net vorsichtiger Weis' so ein paar Flascherl Grinzinger einsteck, so wär' ich schon auf der dritten Station verschmacht! — Und dö Druckerei weg'n dem Fest! Dö Massa Leut! Ich hab' mein'n ganz' Handgepäck auf d'r Schooß b'halten müssen — amal hat sich Einer gar auf die Hutschachtel g'setzt — aber 's war zum Glück nur a kalte Gans drinn! Bin ich froh, daß wir da sein; jetzt geh'n wir gleich zum Weghuber in unser Villa! — No Mädel, was machst denn Du für a G'sicht. Mir scheint Du hast über diese Lokalveränderung keine große Freud?

Peppi. Wie lang bleib'n wir denn da?

Walzel. Is Dir schon z'lang? Natürlich, undankbares Geschöpf — Du möchtest halt jetzt in der Stadt sein, um mit Deinem sauberen Herrn Stiegel ungestört rendezvousderln zu können. Aber dem Stiegel werd'n wir schon einen Riegel vorschieb'n, den er nicht so leicht aufbringt.

Peppi (vorwurfsvoll). Onkel!

Walzel. Also keine G'schichten, das kann ich net leiden — Du weißt, ich kann auch fürchterlich sein — Du wirst Dich hier gut unterhalten, Gesellschaft finden — wirst auf Deinen Stiegel schon vergessen.

Peppi. Nie — niemals!

Walzel. Mach mich nicht fuchtig — und vergiß nicht, daß Du noch jene unselige Praterfahrt gutzumachen hast, die dem Riegel seinen Verstand und mich fünf Gulden kost' hat!

Peppi. Ja, aber ich kann ja nichts dafür, der Herr Onkel hat mir ja befohlen, daß ich mich in d'n Wag'n setz.

Walzel. Ja, ich Esel, ich hab's schon bereut, so viel ich Haar am Kopf hab'.

Peppi. Ich bitt Ihnen Onkel, lassen's mich wieder zurückfahren —

Walzel. Nicht eher, bis Du Frau von Riegel bist, dann kannst Du hinfahren wo Du willst und jetzt ungezogenes Kind, geh'n wir in unsere Villa. (Geht nach rechts, Peppi folgt ihm traurig.)

Peppi. O Gott! Wie wird das enden.

9. Scene.
Walzel, Peppi, Amanda von rechts.

Walzel (Amanda im exaltirten Sommercostüm, ein Buch in der Hand, wird sichtbar). Da is gleich wer, mit dem Du Dich einmal unterhalten kannst.

Peppi. Ich glaub', das paßt eher für Sie. (Beide ab nach rechts.)

Amanda (recitirend.)
„Die Glocken läuten hin zur Messe,
Es rauscht der wundersame Klang
Bis an mein Herz, es wird mir bang;
Den Eindruck nimmer ich vergesse".
(Geht träumend ab.)

10. Scene.
Scaffato, Stiegel von links.

Scaffato. Der Tschakerl is mir durchg'angen, ich bin ruinirt, wann ich net bald an' Andern find', der sich an= streichen laßt. — Aber was anfangen jetzt?
(Der Direktor setzt sich auf die Stufen seiner Bude.)

Stiegel (von links). Der Mensch ist zum Entsagen geboren, und ich aber, scheint's mir, ganz im Besonderen. — Nicht möglich, in dem Nest eine Beschäftigung z'finden. Meine Finanzen sind mit meinem Austritt aus'm Walzel sein' G'schäft schon derart schütter, daß, wenn nicht bald ein frischer Zufluß eintritt, es in meinem Geldtaschel bald so ausschau'n wird, wie öfters in die Pottschacher Wasser= reservoirs. Ich weiß nicht mehr was ich jetzt unternehmen soll. Mir scheint, da sitzt auch noch Einer, dem's net z'samm= geht, das Unglück, sagt man, bringt die Menschen näher an einander, versuchen wir zu ergründen was dem fehlt! Vielleicht kann er mich sogar als Ausrufer oder so was dergleichen brauchen, wenigstens kann ich mir nicht den Vor= wurf machen, nicht Alles versucht zu hab'n.

Scaffato (der nur wenn er allein ist, Wienerdialekt spricht, spricht nun deutsch=italienischen Dialekt). Oh', santissimo patrone! Jakl perdutti!

Stiegel. Sie können auch italienisch, aber wissen's, obwohl ich früher wällischer Früchtenhändler war, versteh ich doch nur deutsch.

Scaffato. Sie habe mich belauscht? Oh Signore it aben mir nur geübt in der Spracken der mir so theuer sein.

Stiegel. Sie erlauben schon. (Setzt sich zu ihm.) Aber, plagn's Ihnen nicht so, mir machen's nix weiß, daß Sie ein Katzelmacher sind. Ich sag' Niemand was davon — aber sagn's mir nur, was is denn Schuld an Ihrer sichtbaren Verzweiflung.

Scaffato. Na, wissens, weils schon amal außer bracht hab'n, daß ich gar kein Italianissimo bin, so solln's Alles wissen, — mein „Wilder" is mir abg'fahren! Und weil ich hier weg'n dem Fest, a acht Tag hab dableib'n woll'n, so weiß ich mir net z' helfen, wo ich jetzt ein zweiten hernimm. Sind Sie fremd da?

Stiegel. Bis jetzt — ja!

Scaffato. Sie sind wahrscheinlich zur Erholung da?

Stiegel. Ja, — eigentlich nein; wann ich mich erholen könnt (Geld zeigend) wär's mir schon recht, aber bis jetzt ist alle Hoffnung darauf in mir verschwunden!

Scaffato. Ich mach Ihnen einen Vorschlag! Woll'n Sie durch a acht Tag die Lücken in mein Cabinet ausfüllen, die durch die schändliche Entführung meines Tschakerls entstanden ist?

Stiegel (steht auf). Ich versteh' Ihnen net?

Scaffato. Wissen's mein „Wilder" war unter uns g'sagt gar net so wild wie er aus'gschaut hat; das war nur a schwarzbatzter Weißgärber von Ottakring! Und da mein ich, ob Sie nicht Lust hätten, an seiner Stell jetzt die Rollen z'übernehmen?

Stiegel. Ah, so, jetzt versteh ich erst! Ich, tätowirt, Hottentot, Zulukaffer, großartige Idee! Was zahln's?

Scaffato. Na, wissen's in Anbetracht der Zwangslage in der ich drinn sitz, fünf Gulden per Tag!

Stiegel. Fünf Gulden?! (Kämpft eine Weile mit sich, dann entschlossen.) Eing'schlag'n. — Was thut der Mensch nicht alles um fünf Gulden! Als Wilder kann ich ja dann auch den Walzel abstechen und fressen. Das g'hört dort, von wo ich jetzt her bin, zum bon ton! Es soll schon vor'kommen sein, daß so ein Wilder seine eigene Schwiegermutter g'fressen hat und 's is ihm net einmal im Mag'n lieg'n blieb'n!

Scaffato (gerührt). O, mein Retter! — Lassen's Ihnen umarmen und kommens gleich mit Toilette machen.

Stiegel. Sie, aber das sag ich Ihnen, daß mich nit zu stark anschmieren, daß ich die Farb wieder aber bring!

Scaffato. Oh nein, ich versteh mich schon auf's Leut anschmieren.

Stiegel. Alsdann gut — gehen wir. — Stiegel Du machst Carrière! Zuerst Prokurist einer überseeischen Rashandlung, dann Privatier — und jetzt Häuptling einer Zulukafferngemeinde auf Urlaub. Ich bin schon neugierig, was ich in meiner Häuptlingswürde für einen Eindruck hervorbringen werd'. (Beide ab in die Bude.)

11. Scene.

Ellminger, Dr. Breitkopf, der von **Seppl** im Rollsessel auf die Scene gefahren wird, von rechts.

Ellminger. Sag er einmal — e — wie heißt er denn?
Seppl. Wer?
Ellminger. Sie!
Seppl. I?
Ellminger. Ja!
Seppl. Seppl!
Ellminger. Also sag er mir Sepp'l, was bedeuten denn diese colossalen Festlichkeiten eigentlich?
Seppl. Ja, lest's ös denn kan Zeitung?
Ellminger. Wär nicht schlecht; aber in den Zeitungen, die wir in der Stadt lesen, wird Kümmelbach nie genannt.
Seppl. Dös muaß a rare Zeitung sein. Lest's in Grenzboten, da steht alles d'rinn. Der Bürgermaster feiert heut sein fünfazwanzigst's Amtsjubiläum.
Breitkopf (abgespannt.) Soo? — Ich bin eigentlich von dieser Feststimmung gar nicht sehr angenehm berührt,

ich sehne mich so nach Ruhe! (Zu Ellminger.) Sie glauben gar nicht, wie ich derselben bedarf, um mein angegriffenes Nervensystem wieder in Ordnung zu bringen — bei meinem Geschäft!

Ellminger. Was ist denn die Ursache Ihrer Krankheit?

Breitkopf. Das können Sie allerdings nicht wissen. — Ich werde mir die Mühe nehmen und Ihnen in kurzen Umrissen die schreckliche Ursache meiner Leiden schildern. — Wie Sie wissen werden, bin ich Redakteur der „Dichterstimmen". (Seufzt.) Ach! — Sagt Ihnen das nicht Alles?

Ellminger. Ah, Ich fang an zu begreifen! Da müssen Sie so viel dichten!

Breitkopf. Oh nein — viel schlimmer; ich muß alle jene Gedichte l e s e n , die man unserer Zeitung zum Abdruck einschickt! Wir müssen sie lesen, — verstehen Sie was das heißt, haben Sie eine Ahnung was das bedeutet, wenn man oft an einem Tag fünfhundert und noch mehr solcher Pamphlete zu sich nehmen muß, wo oft eines derselben genügt hätte, alle unsere Dichterheroen zu bestimmen, die Feder aus der Hand zu legen, um keine so böse Anregung zu geben?

Ellminger. Ach, so ist die Sache!

Breitkopf. Das könnte man am Ende noch aushalten; doch nicht genug! Unter allen meinen Peinigern befindet sich ein besonders bösartig angelegter Mensch, der keine andere Lebensaufgabe zu haben scheint, als meinen Tod zu beschleunigen. Jedesmal könnt ich zum Mörder werden, wenn ich ein Manuscript in die Hand bekomme, wo ganz unten, am Ende, ganz klein die verhängnißvollen Buchstaben stehen A. M. in K.

Ellminger. Armer Mann! Und da gib't's keine Rettung?

Breitkopf. Keine! (Sinkt in seinen Sessel und nimmt aus seiner Tasche ein paar Blätter heraus.) Da, lesen Sie.

Ellminger (liest).

Jagdlied.
„Tod liegst Du,
O Hirschkuh,
Mir im Grase
Vor der Nase".

Ja, um Gottes Willen, gibt's denn da kein lyrisches Hochgericht!

Breitkopf. Da, haben Sie noch eines.

Ellminger (liest).
„An den Himmel möcht ich's schreiben
Mit flammender Zungen-Schrift;
Möcht vor Sehnsucht mich entleiben
Mit einem Becher voll Gift".
Ich begreife Ihren Schmerz! Armer Mann!

Breitkopf. Da, bitte; hat heute noch meine Abreise beschleunigt.

Ellminger (liest).
„Trostlos hebt er an zu zittern,
Durch die Saiten hallt es schwül,
Trostlos leeret er den bittern
Kelch des Leidens mit Gefühl".
Schrecklich!

Breitkopf (sitzt traurig und niedergeschlagen in seinem Rollsessel). Doch das schrecklichste von Allen ist das da! (Gibt ihm.)

Ellminger. (liest.) „Mein Kind!"

Breitkopf. Um Gottes Willen, lesen Sie's still; ich vertrag's nicht mehr.

Ellminger (sinkt verblüfft in einen Sessel). Ich kann nicht! Da nehmen Sie's.

Breitkopf. O Teufel in Menschengestalt, warum muß gerade ich Dein Opfer sein!

Ellminger. Herr Doktor, Sie bedürfen der Ruhe! Lassen Sie sich an einen entlegeneren Ort fahren, als der da ist; ich fürchte, es wird hier bald sehr laut werden.

Seppl. Na und ob's da bald laut aba geh'n wird. Wartens' nur bis die Bürgergard ang'ruckt kommt und die weißen Maderln, nachher die Deputation von Delbach, Misteldorf und Plutzerkirchen, und nachher die Bauern —

Breitkopf. Schon gut, führ' er mich an einen einsameren Ort — nicht wahr — Herr von Ellminger, ein Stückchen geh'n Sie mit.

Ellminger. O, sicher! (Alle drei ab.) Mit Vergnügen!

Seppl. Und nachender am Krautberg, da steht der Förster mit die Böller — die schießen heunt no a Loch in Himmel! (Ab links.)

12. Scene.
Amanda.

Amanda (ihnen nachblickend).
Ja, hab' ich recht vernommen!
Ein Literat sei angekommen?
Der Mann der muß mein Ritter werden —
Sonst langweilt er sich hier auf Erden!

(Zieht ein Paquet aus der Tasche.)

Dem Manne kann geholfen werden!

(Geht ihnen nach.)

13. Scene.

Klemper tritt von rechts auf, trägt einen Violinkasten und Noten.

Klemper. So, jetzt bin ich auch da, zwar nicht per Courierzug — per pedes — is mir aber jetzt alles eins; da bin ich. — Will ich mich beim Bürgermeister vorstellen, heißt's er is net z'Haus. Geh' ich zum Obmann des Vereines zur Hebung des Fremdenverkehrs, heißt's er hat am Bahnhof ein' Engländer g'seh'n und ist in Folge dieses Ereignisses heu't mit ihm nix z'reden. Man glaubt er schnappt vor Freud um, denn er red't jetzt nur mehr englisch. Aber mir scheint, es ist nicht der allein umg'schnappt, das muß dahier Allen passirt sein, denn wann man zwa'n red'n zuhört, so hört man nix anders, als — oberer Platz, unterer Platz — unterer Platz — oberer Platz und so weiter. — Es könnte aber auch sein, daß man über die Aufstellung eines Monumentes debattirt. — Na, was geht mich das an, um mein's handelt es sich nicht, können's es von mir aus hinsetzen wo's woll'n

14. Scene.
Klemper, Stimme Stiegel's.

Stimme Stiegel's. Klemper! Herr von Klemper; Jesses, sind Sie schon da?

Klemper. Der Stiegel! Logiren Sie da? — Kommens g'schwind heraus!

Stiegel. Ich kann nit, kommens herein!

Klemper (will hinein, bemerkt aber die Tafel, wo in großen Ziffern steht „zehn Kreuzer", vor der er zurückprallt.) I kann auch net.

Stiegel. Da müssen wir halt einstweilen telephonisch verkehr'n.

Klemper (lacht). Ja, wie schaun denn Sie aus?

Stiegel. Nit wahr; aber das hat die Macht des Verhängnisses verschuldet.

Klemper. Wissen's, daß der Walzel mit der Pepperl da is?

Stiegel. Na! — Gott sei Dank, daß er mich noch nicht früher bemerkt hat, ich glaub, der wär im Stand und ziehet wo anders hin und ich wär da umsonst engagirt. Aber jetzt fahrns ab, denn jetzt is die Meß aus und da werd ich gleich die Ehre haben, als Wilder vor die Augen der erstaunten Menge zu treten.

Klemper. Sie sind nit zum Umbringen. Aber geb'ns Acht, daß 's Ihner nicht zum d'Erkennen geb'n, wann die Bauern d'rauf kommen, daß's angschmiert word'n sind, dann heißet's — rennen! — Ui je, da kommt der Schullehrer schon mit die weißen Madeln, das halt ich net aus. (Ab nach links.)

15. Scene.

Lehrer, vier weiße Mädeln von links, die jede einen großen lebzeltenen Reiter in der Hand halten.

Lehrer. So da stellt's eng her und warts bis der Zug kummt und die Bürgergard!

Erstes Mädel (weint laut).

Lehrer. Was plärrst denn?

Erstes Mädel. Aber wann g'schossen wird; i fürcht mich! —

Lehrer. Nix wird g'schossen, net amal was vorg'schossen!

Zweites Mädel (weint ebenso).

Lehrer. Ja, was heulst denn du?

Zweites Mädel. J hab ein' Hunger!

Lehrer. Beiß dein' Reiter d'n Kopf ab.

Drittes Mädel (heult). J möcht zum Menschenfresser! J möcht in Menschenfresser sehgn!

Alle. Ja, 'n Menschenfresser möcht'n ma sehn!

Lehrer. Jetzt ist keine Zeit dazu, da führ ich euch Nachmittag hin; jetzt kommt gleich der Festzug, da heißts dableib'n. Vikerl, geh g'schwind her da und laß di' schneuzen. (Schneuzt sie alle nach der Reihe, dann sich selber.) So — und jetzt gebts mir a Ruh! (Man hört die Bürgergarde trommeln, der Platz vor der Bude füllt sich allmählig.) Mordigall und Essig, jetzt (sucht überall) hab ich das Manuscript von meiner Red' z' Haus lassen! Wann ich das nit bei mir hab, bring i kein Wort heraus. (Rennt ein paar Schritte davon, die Mädeln hängen sich an und laufen ihm nach) Himmel Türken, ös bleibts da! Jch hol' mir nur mein' Red'! (Ab.)

16. Scene.

Die **Bürgergarde** mit dem **Commandanten** an der Spitze marschirt ein und stellt sich neben die **weißen Mädeln**; viele **Bauern** und **Bäuerinnen** und **Jungen** füllen den Platz vor der Bude. **Scaffato** erscheint mit einer großen Trommel und bearbeitet sie. Später **Riegel** von links.

Scaffato. Erreinspatzir meine Errsaften, noch nie dagewese. Der Huptling von der Zulukaffern! (Schlägt in die Trommel.) Benütze Sie der Gelegeeit bis zu die Ankunf von die Bürgermeiste und bereichere Sie Jhr Wisse durch den Aublick von Zetewajo, dem Könige der Zulukaffern!

Weghuber. Habt Acht! (Jnspizirt die Garde, indem er an jedem etwas zum Kritisiren findet.)

Scaffato (trommelt). Errein herreinspatzirt, denn 'ier ist zu seh' der wilde Menschenfresse aus den Wüsten von Central-Afrika! Sogleich wird derselbe sich produzir und Steine, Feuer und lebender Thiere fresse. Erster Platz zehn Kreuzer, zweiter Platz sechs Kreuzer, Militär und Kinder vom Feldwebel abwärts zahle die 'älfte. (Trommelt.) Nur immer herrein, 'erreinspatzirt. (Die Bauern rühren sich nicht.)

Weghuber. Bei Fuß!

Scaffato. Nur acht Tagen zu sehen das Unicum aus den Wüsten von Africa und Amerika, der zu seine Hochzeitsschmaus seine eigene Braut gefresse hat.

Weghuber. Bürger! Krieger! Tapfere von Kümmelbach! Wir haben einen Sieg erfochten. Der Bürgermeister kommt zum obern Platz. Die Bauernpartei steht besiegt am untern. Aus diesem Anlaß zahl ich hernach einem Jeden ein'n Viertelliter Wein!

Scaffato. Herreinspatzirt! Herreinspatzirt! (Schlägt mit dem Trommelschlägel auf ein Tam=Tam.)

Riegel (von links, geht auf die Bude los; Stiegel erscheint à tempo mit einer Riesen=Keule, wie er aber den auf ihn zuschreitenden Riegel bemerkt, ergreift er die Flucht in die Bude, die Bauern schreien und stürmen nach).

Stimmen der Bauern. Der is ja ang'strichen, 2c.
(Es erscheint Stiegel auf dem Dach der Bude, von dem er herunterspringt und nach links davonläuft.)

Lehrer (sein Manuscript in der Hand). Der Wilde is auskommen!
(A tempo geht Schmalzl vor Angst das Gewehr los.)

Die weißen Mäderln (schreiend ab). Ah!!!
(Die Garde wirft die Gewehre fort und eilt in wilder Flucht davon, von Stiegel gefolgt. Die Bauern bringen den Director puffend und stoßend heraus und es erscheint der Bürgermeister an der Spitze der Gemeindevertretung, der sich auf den zugedeckten Brunnen stellt.)

Bauern. Wart Schwindler, 2c.

Bürgermeister. Ja, was is denn das! Die Bürgergard' rennt den weißen Mäderln nach und die Bauern hab'n den Direktor beim Schößsel —?—
(A tempo bricht die Eindeckung und der Bürgermeister verschwindet unter großem Krach in das Brunnenloch. Es beginnen die Glocken zu läuten und man hört die Böller krachen.)

Wachler (schreit). Der Bürgermastar is in Brunn g'fall'n! Ziagts'n außer!
(Alles eilt in wüstem Durcheinander zum Brunnen, während unter Glockengeläute und Kanonendonner der Vorhang fällt.)

Ende des ersten Bildes.

2. Bild.

(Wald in der Nähe des Städtchens. Links ein von der Wurzel aus mehrstämmiger Baum, im Hintergrunde Schilf und ein Stückchen Teich sichtbar. An einer Stange eine Tafel, mit der Aufschrift, „Amandens Ruhe"; davor eine einfache Bank.)

Die Bühne bleibt kurze Zeit leer stehen. Man hört in der Ferne Glockengeläute.

1. Scene.

Stiegel (stürzt athemlos in seinem Costüm auf die Scene und sinkt erschöpft auf die Bank). Ich kann nimmer — und wann's mich erwischen und erschlage'n; ich haltet mich gar net auf d'rüber. O Walzel, wann ich nur dir was anthun könnt'—. du bist an Allem Unglück schuld; wie schön könnt ich und mei Pepperl schon ein Paar sein — aber nein — das Schicksal befiehlt mir als Wilder herumzurennen — verfolgt von der aufgeregten Menge. — In der ganzen Umgebung wird Sturm g'läut'. Die Feuerwehr is ausg'ruckt, die Bürgergard folgt mir auf den Fuß nach — die Bauern mit Mistgabeln bewaffnet — kurz der ganze Landsturm is mobilisirt und scheint's auf mein End' abg'seg'n zu haben. (Man hört Trommelschlag. Steht auf.) Zwei Stund such ich schon herum, ohne ein Platzel z'finden, wo ich vor Entdeckung sicher wär — was bleibt mir übrig? — (Sieht auf den Baum.) Steig'n wir auf den Baum; wann mich dann der Landsturm aberbeutelt, na so — in Gottes Nam!

2. Scene.

Bürgergarde im Gänsemarsch, voran der **Commandant**. Die **Bauern** mit improvisirten Waffen. **Wachter** mit gezücktem Säbel führt sie an. Kommen rechts, also von derselben Seite wo Stiegel hergekommen.

Weghuber. Ganze Division, „halt!" „Habt Acht!" Bürger, Krieger, Soldaten! — Wir haben uns heut' schauerlich blamirt. Nachdem wir alle zersprengt waren, haben wir uns beim „goldenen Affen" g'funden. Unsere Calculation war also die richtige. Die Division war wieder ganz und hat wieder ihren Commandanten g'habt. — Aber wir haben auch eine Vertheidigung. Bürger! Wir sind gewappnet gegen einen civilisirten Feind, aber nicht gegen Menschenfresser! Unsere Flucht is daher begründet. (Bauern lachen.) Kruzi Türken und Trompeten, Maul g'halten. Ihr Bauernschädeln habt's leicht Lachen, denn Ihr habt's g'wußt mit wem Ihr's z'thun habt's. — Wenn's wir auch g'wußt hätten, so wär'n wir nicht retirirt. Da is nur der Schullehrer Schuld. — Aber wir werden uns wieder unsere angegriffene Soldatenehre, durch die Einbringung des Ruhestörers, zurückerobern, der die Entschließung unseres Bürgermeisters vereitelt hat. Das muß mit aller Strenge des Gesetzes gerochen werden! — Jetzt wird Rapport g'halten, es melde sich jeder der was g'scheidts vorzubringen hat.

Waftelbauer. In Kümmelbach schaut's heut damisch aus. Die weißen Madeln hab'n die Fraisen kriegt, der Schulmaster is über ein' lebzeltenen Reiter g'stolpert und is am Kopf g'fallen.

Weghuber. Das war also jetzt das zweite Mal.

Wachter. Der Bürgermeister will sein Brunn nit dorthinsetzen, wo er mit seiner Rührung und mit seiner Feststimmung hineing'flogen is!

Weghuber. Was? — Also das auch noch? Na wart Lump, wann i dich derwisch, dann laß ich dich noch extra gassenlaufen.

Wachter. Aber am untern Platz setzt er'n auch nicht. Ja, was g'schieht denn nachher? (Die Mannschaft wird unruhig.)

Weghuber. Ja so, Ihr stehts noch immer „Habt Acht". Also — „Ruht"!

(Alles lagert sich. Zwei Bürger spielen mit dem Feldwebel auf der Trommel Karten. Die Bauern gruppiren sich entsprechend, einige sehen zu.)

Weghuber. G'freiter Herr von Kahlhofer. (Für sich.) Mit dem muß ich höflich sein, denn von ihm hab ich zwa Wiesen pacht, sunst sagt er mir 'n Pacht auf. (Laut.) Sie übernehmen gefälligst die Vorposten!

Gefreiter. Aber wir wissen ja noch nicht wo sich der Uebelthäter aufhalt!

Weghuber. Das is auch net nothwendig, wann nur ich es weiß, und ich weiß es.

Schmalzl, Gefreiter, Wachter. Wirklich?

Weghuber. Aber es ist mein Dienstgeheimniß; ich hab's von der alten Kranzelhoferin derfahren, die er beinah umgrennt hat, wie er in's Kapuzinerwaldl 'neingrennt is. Sie hat mir auch glei' die Nummern g'sagt, was dieser Fall hat: 21, 38, 72.

Gefreiter. Also der Flüchtling ist hier im Wald. (Aengstlich.) Wanns aber am End' doch ein wirklicher Menschenfresser wär'!

Weghuber (für sich). Das is ein Held, dem möcht i jetzt was sag'n — aber ich trau mich net. (Laut.) Ja, hier im Wald, vielleicht nicht weit von uns!

Gefreiter. Jessus, wo is denn mei G'wehr!

Weghuber. Mir scheint Ihr habts eine Angst? Schauts mich an, nehmts Euch ein Beispiel an meiner Tapferkeit und erbaut's Euch d'ran.

Feldwebel (schreit). Patzens net so! (Haut mit der Faust in die Trommel.)

Weghuber (fährt zusammen). Jesses! (Sammelt sich.) Machts kan so a Spectakel da hint. Ich bin heut sehr nervös. (Für sich.) Das is noch der Schrecken von früher! (Laut.) Jetzt werd' ich Kriegsrath halten! Feldwebel!

Feldwebel. Glei — (Spielt Karten.)

Weghuber. Der is mir no was schuldig, mit dem kann ich also grob sein!

Feldwebel. Nur einmal noch herum!

Weghuber. Nix herum — her da!

Feldwebel. Nit amal ein' Vierer kann man spielen; i hätt' Preferanz g'macht!

Weghuber. Der Moment is zu ernst, der erlaubt kein Spiel. Bringts die Trommel her! (Setzt sich darauf.) Man bringe die Landkarten! Ah so, die hab' ich ja selber. (Breitet sie auf seine Knie aus und setzt große Augengläser auf.) Also da is Europa und da is Kümmelbach!

Gefreiter, Feldwebel (stellen sich neben ihn).

Gefreiter. Wo?

Weghuber. Na da! (Zeigt auf die Karte.)

Feldwebel. I siech nix!

Weghuber (sieht genau). Merkwürdig — ich sich auch nix! — Das hat der Setzer vergessen! — (Dreht die Karte um.)

Gefreiter. Plutzerkirchen is da!

Weghuber (vitirt). Das muß einer Stadt passiren, die eine Bürgerwehr hat, deren Heldenthaten bis in die graue Vorzeit reichen. — O Schmach, Kümmelbach du bist für die Geschichte verloren!

Feldwebel. Da is die Eisenbahnstation Grieskirchen — also das is d'rinn!

Weghuber. Also glei daneb'n is Kümmelbach! Da hier is der Wald in dem wir sind und drüben is der Teich. Diese Situation schreibt folgenden Kriegsplan vor. Wir werden uns hier concentriren und von da quer herüber, dann gleich ein bisserl rechts umi und dann ein Stückl links und dann grad aus füri, unseren Cordon aufziehen und den Wald dann in seiner ganzen Breiten absperren! — Dann is er g'fangt!

Schmalzl. Wann er noch d'rinn is!

Weghuber. Er is noch drinn, die alte Kranzelhoferin hat's g'sagt!

Schmalzl (sich demüthig vor der Competenz der Dame beugend). A' jo! de! Na die muß's wissen!

Weghuber. Bin ich unterrichtet? Sagt's mir nur, was thät's denn Ihr eigentlich ohne mir?

Schmalzl. Wir thäten uns halt noch im goldenen Affen berathen. —

Feldwebel. Und preferanzen —

Weghuber. So! Also nix! — Und die Ehre der Garnison! — Ihr lasset's die Ehre dem, dem sie gebührt und thät's berathen und preferanzen! (Vitirt.) Schamt's Euch!

Feldwebel. Da gibts nix mehr zu retten!

Weghuber. So? So spricht ein Kümmelbacher, der's unter meinem Commando vom Pfeifendeckel bis zum Feldwebel 'bracht hat? — O, schauts herab ihr Manen aller Bürgercorpscommandanten, schaut's herab auf mich, auf euren Nachfolger, der an der Spitze einer solchen Banda heut zum ersten Mal zu einer großen That gerufen wird! — Wenn schon Euch nix an der Ehre der Garnison liegt, so muß ich sie wieder als Oberster für Euch haben. Na, ja; wann wir nicht durch dir Einbringung des Freylers glänzen, können wir nie unsere Flucht verdunkeln. Und für'n Grieskirchner Grenzboten is das a fettes Fressen!

Alle. Der Grenzbot!

Weghuber. Aha, jetzt stehts da wie die Ochsen am Berg — ich aber bin der Berg.

Feldwebel. Ja, da müß'n wir'n krieg'n!

Weghuber. Also, schlagt's Alarm! (Steht auf.) Ordnet Euch. (Trommelwirbel und Eingangsmusik zu folgendem Lied.)

Lied des Weghuber.

1.

Wer ist's, auf den die Bürgerschaft
Mit stolzer Freude blickt,
Der die geheimste Mission
Vollführt, discret, geschickt?
Wer ist's der uns'rer guten Stadt
Ansehn und Glanz verleiht,
Der kampfbereit tritt der Gefahr
Entgegen jeder Zeit?
Der drei Stund weit im Umkreis wird
Von jedem Kind gekannt?
Das — ist der uniformirte
Bürgergarde-Commandant.
(Chor rep.)
Das — ist der uniformirte
Bürger-Commandant.

2.

Als ich noch in der Wiege lag,
In Windeln sanft gebettet,
Da hab ich schon mit fester Stimm
Den ganzen Tag 'trompetet.

Und habn's mir dann den Mund verstopft
Hats mich sehr irritirt,
Da hab' ich alle miteinand,
Mit'n Suzel bombardirt.
Da prophezeiten dazumal
Schon d'Hebamm und die Tanten,
Der gibt einmal ein' strammen
Bürger=Commandanten.
   (Chor rep.)
Der — gibt einmal ein' strammen
Bürger=Commandanten.

3.

Trag ich auch nicht die Uniform
Am Czako meinen Wedel,
Daß ich ein hoher Officier,
Sieht gleich ein jedes Mädel.
Ich hab' mich nie ins Joch gespannt
Und doch kein Herz geschont,
Ich war von jeher als Soldat
's Erobern schon gewohnt,
Wurd' nicht blos an der Uniform,
An meinem B l i c k erkannt,
Daß — ich ein mudelsaub'rer
Bürgergarden=Commandant.
   (Chor rep.)
Daß — er ein ꝛc.

4.

(Gerührt.) Denk ich daran, wenn ich einst stirb,
Da wird mein Herz so weich;
Es trauert dann die ganze Stadt,
Da gibts a schöne Leich'.
Die ganze Bürgergarde ruckt
Voll Trauer um mich aus,
Wenn ich in plein Parad' bezieh'
Mein letztes Schilderhaus.
(Schluchzt.) Am Grabe weinen dann voll Schmerz
Gebrochen die Verwandten,
:|: Um — den zu früh entriss'nen
Bürger=Commandanten. :|:
   (Chor rep.)

(Ermannt sich.) Genug der Rührung! — Ganze Division Habt Acht! — Vorwärts! — Marsch! (Marschiren im Gänsemarsch nach links.)

3. Scene.
Stiegel wird am Baum sichtbar.

Stiegel Na, Gott sei Dank; jetzt sind's einmal fort! Todesängsten steht man da aus. Jetzt marschir'n's dorthin; jetzt könnt ich eigentlich abfahren, wann ich könnt. Aber in dem Aufzug sperr'ns mich überall ein, wo ich mich seh'n laß. — Da kommt schon wieder wer! — Der Walzel! (Zieht sich zurück.)

4. Scene.
Walzel kommt sehr vergnügt in carrirtem Sommerkleid, einen Rucksack umgehängt, von rechts.

Walzel (singt): Wer hat dich du schöner Wald
   Aufgebaut, so hoch da broben. —
(Prosa.) Ha, das is alles recht schön, aber am schönsten is, wann man drinn im Wald noch a gute Jausen hat. Und theils um den Genuß derselben zu erhöhen, theils um die Schandhitz von derer Fahrerei aus mir 'nauszubringen, hab ich beschlossen, ein kaltes Bad zu nehmen. Ja, aber da wär ich bald aufg'sessen, denn in dem Nest gibts nit einmal eine Schwimmschul; so muß ich mir schon a Platzl für a Freibad aussuchen. Dann wird aber mein' Jausen schmecken, denn nach an Bad hab i immer 'n größten Appetit. — Ja zu was soll ich mir denn was abgeh'n lassen. Der Mensch lebt nur einmal und das eine Mal, wo ich leb, will ich gut leb'n. (Setzt sich unter den Baum und legt den Rucksack ab.) Laß Dich einschlürfen göttliche Waldluft; gehts hinaus ihr Delikatessen=Düfte und macht's der Waldluft Platz — ich mag euch nimmer. Ich bin heut so gut auf= g'legt, weil mir immer einfällt, wie schön sich mein ferneres Leben nach dem gelungenen Plan gestalten wird. — Der Riegel kriegt die Pepperl z'sammt ihren Geld — das heißt — nicht alles; nur mit dem, was ich hergeb'n kann, um selbstständig z'bleib'n. Muß mir das G'schäft abkaufen und ich setz mich dann mit meinem rechtmäßig erworbenen Eigen= thum in die wohlverdiente Ruhe! Den Stiegel den wird's

schon vergessen, denn zwischen ihr und ihm is jetzt eine große Kluft!

Stiegel. Schuft!

Walzel. Was? (Dreht sich um.) Ah, das war nur 's Echo von meiner Red'! (Packt seinen Sack aus und nimmt ein Packet mit Badewäsche heraus.) Wann der Riegel einmal die Pepperl g'heirat hat, dann g'hört er schon mir — denn den Contract werd ich schon so stellen, daß er nix kriegt, als der Pepperl ihre zum Stiegel gefaßte Liab.

Stiegel. Diab!

Walzel. So wahr redt nur die Stimme der Natur. Die gibt alles so zurück, wie sich's g'hört. Was gebet der Stiegel dafür, wann er wußt, daß die Pepperl da is und daß heut noch kommt der Riegel!

Stiegel. Prügel.

Walzel. Das Echo muß ich mir merken! Aber, daß ich bald zu mein' Baderl komm und zu meiner Jausen, so geh'n m'rs also an. (Geht mit seinem Baderequisit ab.)

5. Scene.

Stiegel klettert vom Baum herunter.

Stiegel (ironisch). Was hat mir denn der Walzel alles mit'bracht — ah, eine ganze Flaschen Grinzinger; — (schnalzt mit der Zunge) werde damit meine und meiner Pepperl Gesundheit hoch leben lassen; — ein halbes Gans'l — auch nicht schlecht! (Nimmt es mit sich.) Ich hab von jeher ein Faible für Ganserln g'habt, besonders wanns recht zart sind. So jetzt no' 's Eßzeug und jetzt wünsch' ich Ihnen recht guten Appetit Herr von Walzel. Jetzt bin ich auch für eine längere Belagerung verproviantirt. — Ich hab mir vor einer halben Stund noch nicht gedacht, daß ich jetzt so fein soupiren werd'! Ui, da kommt schon wieder wer, da heißts abfahren! (Steigt wieder auf den Baum, bleibt aber dem Zuschauer sichtbar und verzehrt den Imbiß Walzel's.)

6. Scene.

Stiegel, Amanda.

Amanda (recitirt):
Lustwandeln in den Auen
Und die Natur erschauen,

Das ist fürwahr die größte Lust,
Da öffnet sich des Dichters Brust.

Stiegel. Die wird doch nicht auch baden geh'n wollen!

Amanda. Endlich! — Endlich ist es vollbracht das große Werk; der Traum meiner Mädchenjahre ist zur That geworden, mein erster Band lyrischer Ergüsse ist vollendet, jetzt brauch ich nur mehr einen Verleger. —

Stiegel (für sich). Da wird ein jeder Verleger in Verlegenheit kommen!

Amanda. Dann ist's vollbracht. — Das letzte Blatt, das ich in meinen Liederkranz eingefügt — nannte ich zartsinnig „Das erste Kind". — (Den Band zeigend.) Dies ist das erste Kind meiner Muse! (Setzt sich träumend auf die Bank; recitirt):
Verkannt bist du geworden — du armes, armes Kind,
Du bist verrathen, verdorben — komm an mein Herz geschwind!
(Drückt das Buch an's Herz.)

Stiegel. J fall vom Bam aber!

Amanda (im exaltirten Abgang). Doch das ist das Loos des wahren Genies. Erst nach meinem Tode werde ich geehrt — ein Opfer der Speculation! — O, elende Welt! (Ab.)

7. Scene.

Stiegel allein.

Jetzt is einmal fort. Meiner Seel', wann die no' lang da unt weiter dicht', so vergiß ich mein Incognito und hau ihr das Bürgel nach. (Steigt vom Baum herunter; bleibt hinter dem Baum stehen.) Da kommt der Walzel, da heißts versteckt bleib'n.

8. Scene.

Stiegel, Walzel.

Walzel (ist im Schwimmkleid, hat ein Leintuch umgehängt und legt seine Kleider zu seinem Sack. Nach Angabe). Ich weiß nicht, jetzt is mir gleich nimmer so heiß! — Probiren wir 's Wasserl. — (Geht zum Schilf.) Aaa! Dö Kälten! Da trau i mich nit hinein. J zieh mich wieder an und thu lieber jausnen! (Geht vor den Baum zu seinen Kleidern; a tempo springt Stiegel mit Geschrei aus dem Gebüsch, welches die unteren Parthien des Baumes verdeckt.)

Walzel. Ah! Der Wilde! (Läßt vor Schrecken das Leintuch fallen und eilt davon; Stiegel nach.)

Stiegel. Gehst eini! — Gehst eini!

(Man hört hinter der Scene einen „Plumpser", welcher Walzel's Sturz in's Wasser andeutet.)

Walzel. Ah! Dö Kälten! I dertrink!

(Man hört plätschern.)

Stiegel (kommt zurück, wirft das Leintuch nach und nimmt triumphirend die Kleider Walzel's und ruft): Stiegel! Du bist gerettet und gerächt! (Ab.)

9. Scene.

Die Bühne bleibt einen Augenblick leer stehen. Dann **Breitkopf** im Rollsessel, mit **Seppl**.

Breitkopf. Nur recht weit — lieber Seppl — nicht wahr — er heißt ja Seppl!

Seppl. Ja, so lang i mi erinnern kann.

Breitkopf. Also noch weiter — lieber Seppl — ich brauch jetzt Ruhe — und ich fürchte, daß ich da keine finden werd'.

Seppl. Da müssens Ruh hab'n, denn da steht ja g'schrieb'n Amanda=Ruh!

Breitkopf. Ich möcht aber noch weiter!

Seppl. Weiter geht's nimmer, da hört der Weg auf.

Breitkopf. Aber es steht doch auf einer Tafel Fußweg nach Pluzerkirchen!

Seppl. Na ja, aber der is no net fertig! Der wird erst auf's Jahr g'macht, bis der Prozeß mit'n Wastlbauern aus is!

Breitkopf. Also laß er mich in Gottesnamen da. Er kann jetzt ein Stück zurückgehen und sich ausruhen, aber nicht zu weit — daß er, wenn ich Ihn ruf, gleich da is.

Seppl. Na, i vergiß net; — und wann a, so is net so g'fahrli — 's kommen ja da den Weg alle Fechter nach Kümmelbach, da nimmt Eng schon Aner um a paar Kreuzer mit!

Breitkopf. Nein, bleib er nur in der Nähe — geh er nicht zu weit.

Seppl. Eh nöt. (Für sich.) I geh jetzt zu der Mirl! (Ab.)

10. Scene.
Breitkopf, dann Amanda.

Breitkopf. Und das hat mit seinem Singen — mein böser Stern gethan. — Ach, guter Gott, wenn Du mich wieder auf die Erde kommen läßt, so laß mich einen — von mir aus — Viehtreiber werden — aber ja keinen Kritiker lyrischer Ergüsse. —

Amanda (in Gedanken versunken, gewahrt Breitkopf). Ein Herr! — Vermuthlich ein Kranker — der wird sich aber allein langweilen.

Breitkopf. Also richtig wer da, ja gibts denn für mich kein Platzl mehr, wo ich einmal Ruhe haben könnt. — Sie tragt ein Buch; hoffentlich wird's lesen.

Amanda. Verzeihen mein Herr, wenn ich störe, aber ich bin durch die vormittägigen Ereignisse — durch die Flucht jenes Menschenfressers, der sich hier herumtreiben soll, etwas furchtsam geworden. — Glauben Sie, daß er mir gefährlich werden kann?

Breitkopf (sieht sie an). Glaub nicht! (Für sich.) Der müßt schon einen eigenen Gusto haben! (Laut.) Sie haben nichts zu fürchten.

Amanda. Ich habe auch bereits meiner Angst in beredten Worten Ausdruck verliehen. Soll ich Ihnen das Gedicht vorlesen?

Breitkopf. Heiliger Geist! Die wird doch nicht —

Amanda. Der Sohn der Wildniß! Es ist sehr romantisch.

Breitkopf. Danke schön — ich bin kein Freund von Gelegenheitsgedichten.

Amanda. O, ich hab auch andere da. Stimmungslieder, — auch von mir.

Breitkopf. Mein Fräulein! Wenn man noch so sagen darf! Ich bitte Sie, auf meine angegriffene Gesundheit

Rücksicht zu nehmen — ich darf weder etwas lesen — noch Gelesenes anhören.

Amanda. An was leiden Sie denn?

Breitkopf (ärgerlich für sich). So eine Neugier! (Laut.) An einem hinkenden Versfuß!

Amanda. Sie sind ein Spaßvogel!

Breitkopf. Mir ist gar nicht g'spaßig zu Muth.

Amanda. Also deshalb gehen Sie nicht?

Breitkopf. Ja, deshalb — denn wenn ich dürfte, wär' ich schon gegangen!

Amanda. Soll das ein Compliment sein? (Liest in ihrem Buch. Pause.) Der Alpenjäger!

Breitkopf. Seeeepl!!

Amanda. Was schrein Sie denn so!

Breitkopf. Ich ruf nur mein' Kutscher!

Amanda. Wollen Sie etwas?

Breitkopf. Ja; Ruhe!

Amanda (für sich). Das ist ein schrecklicher Brummbär, aber ich muß herausbringen, wer er ist. (Laut.) Weilen also zur Cur hier?

Breitkopf. Leider!

Amanda. Mit wem hab ich denn das Vergnügen?

Breitkopf. Müssen Sie das wissen?

Amanda. Es wär mir angenehm.

Breitkopf (für sich). Ich sag ihr's. Vielleicht gibts dann ein' Fried! (Laut.) Ich bin der Doktor Breitkopf, Redacteur der Dichterstimmen! Sind's zufrieden?

Amanda (springt auf, bleibt in exaltirter Pose stehen). Waaas? — Der — Dich-ter—stimmen! — Ha! Also einer von jenen Henkersknechten, die meine Geistesproducte öffentlich an den Pranger stellten und schändeten und lächerlich machten? Ha! Du Hyäne! Du Tiger in Menschengestalt!

Breitkopf (schreit). Seppl!! Zu Hilfe!

Amanda. Weißt Du wer ich bin! Ich bin das unschuldige Opfer Eures Neides! — Die unglückliche Verfasserin von „Der Wahnsinnige" und „Mein Kind"!

Breitkopf. Se - pl! Sepl! Hilfe! (Wischt sich ein um das andere Mal den Angstschweiß von der Stirne.)

Amanda. Du haſt es mir ungeleſen zurückgeſchickt, ha! — Jetzt mußt Du es hören! Elender Zeitungswurm!

Breitkopf. Ich bin verloren! Seppl! Seppl!

Amanda (ſtellt ſich in Poſition). „Der Wahnſinnige."
Gräßlich lieget er zu Füßen,
Vor dem Körper ſeiner Braut,
Und bedecket ihn mit Küſſen,
Daß ihn Niemand andrer ſchaut.
Taucht das Schwert in ſeinen Buſen,
Schleckt es ab mit viel Genuß!
Mich erfaßt ein wildes Gruſeln,
Da ich Dieſes ſchreiben muß!

Breitkopf (windet ſich in Krämpfen auf ſeinem Seſſel und ſchreit, aber ohne Kraft mehr). Ich bin verloren! (Sinkt vernichtet in ſeinen Seſſel.)

Amanda. Gedichtet von A. M. in K. Weißt Du nun Elender, wer das iſt? Das iſt Amanda Morgenroth in Kümmelbach!

Breitkopf. Seppl! (Nur mit ſchwacher Stimme.)

Amanda. Und dieſes Product meiner Phantaſie erklären Sie und Ihre elenden Helfershelfer für wirklichen Wahnſinn!? Jetzt noch „Mein Kind"!

Breitkopf. Ah!! (Steht auf und läuft davon, von Amanda verfolgt, die das Buch in der Hand hält und ihn leſend vorwärts treibt.)

Amanda (im Abgang). Verkannt biſt du geworden, ꝛc. (Wie in der 6. Scene. Der Seſſel bleibt zurück.)

11. Scene.

Stiegel in Walzel's Kleidern, trägt das Coſtüm in der Hand.

Da rennen zwei wie die Narren davon und werfen mich bald um. Denen iſt g'wiß der Walzel begegnet. (Legt das Coſtüm ebenſo an die Stelle, wie und wo früher die Kleider Walzel's gelegen.) So, Herr von Walzel, jetzt kannſt Dich wieder anzieh'n! (Verſteckt ſich vorne links, in der Couliſſe.)

12. Scene.

Walzel, zur Hälfte in's Leintuch gehüllt, mit Schlingpflanzen bedeckt, tritt von links rückwärts, vor Kälte zappelnd auf.

Brrrr! — Die Kälten, die Kälten! — Die Angſt! — Wenigſtens fünf Liter Teich-Waſſer trunken. — Das

Freibad werd' ich mir merken. (Will auf seine Kleider zugehen, bemerkt die Verwechslung derselben und prallt entsetzt zurück.) Ha! — Mein G'wand! — Wo is denn mein G'wand? Das hat der Wilde g'stohl'n und der Brief vom Mallner is d'rinn'. — Wann ich nur den Brief vom Mallner wieder krieg'. — Herrrr rrgott die Kälten — ußfff.... (Schnappert.) Das is mein Tod; ich spür' schon 's Rheumatische im Kopf, wann ich nur ein' Hut hätt', -- wo is denn mein Hut? — (Geht auf die Kleider des Wilden zu und hebt sie auf.) Das muß mir passiren! — (Kämpft einen kurzen Kampf mit sich und setzt schließlich die Perrücke verkehrt auf.) Ha! — Mein Gansl hat er g'fressen - mein G'wand weg — der Brief beim Teufel! — Das überleb ich net. (Wankt ab nach links und verschwindet im Schilf.)

13. Scene

Stiegel von links, später **Klemper** von rechts.

Stiegel. Gott sei Dank, das Aergste wär überstanden — ich bin gerettet und der Walzel sitzt in der Tinten. —

Klemper. Da is er! — Gott sei Dank in ein'n menschlichen Aufzug. — Wann's Ihnen erwischt hätten, i wär' für nix gutg'standen. Der Direktor sitzt schon im Gemeindekotter und für Ihnen is schon ein zweit's entsprechendes Gemach, der Saustall vom Bürgermeister als Sommerquartier adaptirt worden.

Stiegel. Wünsch gute Unterhaltung, Herr von Walzel.

Klemper. Aber wie kommen denn Sie in die Schäler?

Stiegel. Dazu is no Zeit. Da hab ich zwei Brief drinn g'funden, jetzt schaun wir den Kern an. (Nimmt die Briefe heraus.) Was is denn das? — Heißgeliebte Sidonie!

Klemper. Ha!

Stiegel. Du stößt mich also zurück? Weißt Du auch, daß das mein Todesstoß ist? — Ich liebe Dich.

Klemper. Ha, Verführer!

Stiegel. Was hab'ns denn?

Klemper. Geben's her!

Stiegel. Nie mehr wird Dich vergessen dein, Dich bis in den Tod liebender, Walzel!

Klemper. Halten's mich! Sonst fall ich um.

Stiegel (thut es). Tausend Küsse von Deinem Dich ewig liebenden Walzel!

Klemper. Also war mein Verdacht doch nicht unbegründet! — Elender Verführer. [Das is dein Todesurtheil! — Die Ehre meiner Sidonie ist angegriffen; dem Uebelthäter wird fürchterlich auf seine unberufenen Pratzen g'haut. — Und Du, treuloses, pflichtvergessenes Weib, Du laßt Dir von fremden Männern Brieferln schreib'n. — Ich bin verrathen; — Schlange; auch Du, Sidonie, wirst mich kennen lernen.

Stiegel. Aber Ihre Angebetete is ja ganz unschuldig!

Klemper.] Da gibts ein Liebesdrama!

Stiegel (den zweiten Brief lesend). Was is denn das? — Lieber Herr von Walzel! (Mit stets steigender Stimme.) Durch Zufall ist mir jenes Notizbuch in die Hand g'fallen, welches die Nummer jenes Loses enthält, das ich meinem Pathenkind als Taufgeschenk in die Wiege g'legt hab'.

Klemper. Verrätherin, — Schlange!

Stiegel. Bei einer Anfrage an jene Bank wurde mir beschieden, daß jenes Loos mit einem Treffer von — Klemper halten's mich —

Klemper. Was haben denn Sie? (Thut es.)

Stiegel. — von fünfzig-tausend — Gulden gezogen — ha! Wo is denn der Dieb?! (Läßt den Brief fallen, den Klemper aufhebt.)

Klemper. — und bereits behoben ist —

Stiegel. Geben's her! (Liest.) Da ich überzeugt bin, daß dieses Geld in Ihren Händen sicher angelegt it, so bin ich jeder Sorge enthoben und freue mich, Sie und Ihre liebe Nichte bald ans Herz drücken zu können! — Ah! Das geht mei' Peperl an und mir ein Licht auf! Ah, d'rum tummelt sich der Riegel so! — „Mit Gruß Ihr alter Freund Mallner!" — Klemper, halten's mich noch amal! Das is z'viel auf einmal, das wirst mich um!

Klemper. Aber in Wien gibts einen Doppelmord. — Einen dreifachen, denn der Zerstörer meines Glücks muß auch gestraft werden. Ha!

Stiegel. Na sind's so gut! Kommen's lieber mit mir und helfen's mir meiner Peperl das Glück schonungsvoll

mitzutheilen. Wird die a Freud hab'n! — Das is zu viel auf a Mal! Mei' Pepperl a reich's Mädel — ich ihr Mann! Riegel, jetzt hat Dei' letzte Stund g'schlag'n!
(Beide ab nach rechts.)

Klemper (der von Stiegel gezogen wird, im Abgehen). I kauf mir a Repetir=Kanon!

14. Scene.

Walzel, im Costüm des Wilden, tritt, sich schämend, langsam aus dem Schilf.

Walzel. Ich kann jetzt dableiben, bis's finster wird, — denn so trau ich mich nicht zu Haus! — Ah, da kommt ein Bauer, vielleicht rettet der mich! (Zieht sich etwas zurück.)

15. Scene.

Seppl, Walzel.

Seppl. Der Herr Doktor is net da? Ja i hab' glaubt er kann gar net geh'n und jetzt steht sein Wag'n allani da? — Herr Doktor! I bin schon da! — Herr Doktor!

Walzel's Stimme (leise). He! He! Bauer!

Seppl. Da is er. Aber Herr Doktor was thun denn Sö in die Stauden?

Walzel. Pst! Pst! (Tritt heraus.)

Seppl (schreit). Der Menschenfresser!! Haaaaa! (Läuft links ab.) Z' Hilf! Z' Hilf!

Walzel. Der Esel rennt vor mir davon! Schau ich denn gar so schrecklich aus? Ich Unglücksmensch! Das muß mir g'scheh'n! — [Ha! Da kommen Leut', jetzt heißt's verduften.]

Couplet.

1.

Ich möcht' in meiner Gift und Gall
In Kannibalien sein,
Wo man noch kein' Gensdarmen kennt,
Nicht geht auf äuß'ren Schein.

Wo kein Gemeindekotter is,
Und 's keine Wachter gibt,
Wo man durch Menschenfresserei
Sich werth macht und beliebt.

Ja, als Wilder — Wilder,
Da ging's mir sicher besser,
:|: Jetzt möcht ich gern ein Wilder sein,
Ein wilder Menschenfresser. :|:

2.

O glücklich Land Australien,
Du kennst noch kein Klavier,
Du weißt noch nicht was Stellwag'n heißt
Und fremd ist die Tournure.
Du hast kein gothisch's Rathhaus 'baut,
Regie=Cigarr'n nicht preist,
Du weist auch nicht was Pflasterung
Und Gasröhr'nlegung heißt.

Als Wilder — Wilder,
Da ging's Ein'm wirklich besser,
:|: Da möcht ich gern ein Wilder sein,
Ein wilder Menschenfresser. :|:

3.

Wie schön wär's, thät statt uns'rer Wien
Der Murrumbidgee fließen,
Dafür die Wien mit ihrem Duft
Die Wilden thät verdrießen.
S' läg'n statt Marg'ret'n und der Wied'n,
Zu beide Seit' Oasen
Und 's läg dafür der Duft der Wien
Den Wilden in der Nasen.

Ja, d' Wilden — d' Wilden,
Die hab'ns halt immer besser,
:|: Wie oft möcht mancher Wiener sein,
Ein wilder Menschenfresser. :|:

4.

Nie wird so 'n schwarzer Hofrath wild,
Wenn wer von Urlaub spricht,
„Ich bitte, wie viel woll'n Sie denn?"
Sagt'r mit vergnügtem G'sicht.
„Sie brauchen sich gar nicht schenir'n",
„Nur hin sich zu bequemen,"
„Wir hab'n im Urwald — Urlaub g'nug,"
„Ich bitt' sich nur zu nehmen."

Ja, d' Wilden — d' Wilden,
Die hab'ns halt doch viel besser,
:|: Da möcht ich gern ein Wilder sein,
Ein wilder Menschenfresser. :|:

5.

Wie glücklich lebt der wilde Mann
In seiner Tropen=Gegend;
Er kennt kein Modenmagazin,
Wenn er noch so vermögend.
Will neu' Toiletten hab'n die Frau —
Wie einfach ist's gethan —
Sie nimmt ein Farbenhäferl her
Und streicht sich anders an.

Ja, d' Wilden — d' Wilden,
Die hab'ns halt immer besser,
:|: Wie oft möcht mancher Eh'mann sein,
Ein wilder Menschenfresser. :|:

6.

Wie froh lebt in Australien
Der wilde Ehemann —
Denn Schwiegermutter=Sekatur'n
Ihn niemals fechten an.
Bräch doch einmal d' Natur sich Bahn
Und keppeln einmal müßt's —
So nimmt er einfach d' Alte her
Und sticht sie ab und frißt's!

Ja, 'n Wilden — Wilden,
Ja, denen geht's halt besser,
:|: Wie gern wär' mancher Schwiegersohn
Ein wilder Menschenfresser. .|:
(Läuft ab in's Schilf.)

16. Scene.

Sommergäste, darunter **Riegel, Peppi** und **Amanda,** später **Klemper,** kommen, ein Marschlied singend, auf die Scene und lagern sich.

Erste Dame. Ah, da is's schön, da thun wir rasten!

Alle. Ja! Rasten wir da.

Riegel (zu Peppi). Ich bin entzückt, meine holde Schäferin, Ihr Schäfer sein zu können.

Peppi. Als Schäferin brauch ich keinen Schäfer zum hirten, wann's wollen, ein Schaf!

Riegel. Auch das! Es ist das Sinnbild der Geduld!

Peppi. Geb'ns aber Acht, daß Ihnen net verirren, suchen thu' ich Ihnen nit, — alter Schöps!

Riegel. Nur Sie allein wären im Stande, mich auf den Weg zum Glück zu führen.

Peppi. Der Mensch is schrecklich mit seiner Liebe. — Wie lang wird das noch dauern?

Erste Dame. Wir müssen hier länger bleiben, denn da is's gar so romantisch.

Amanda (dichtet).
„Pfingsten, das liebliche Fest ist gekommen,
  Es grünten Feld und Au, auf Wiesen und Höh'n."
Ha, welch' großer Gedanke!

Riegel. O ja, der das gedacht, war groß!

Amanda. Endlich Einer, der meine Talente erkennt! (Hängt sich in ihn ein.) Friedolin!

Riegel. Gottes Will'n, was hat denn die?

Peppi. Jetzt könnte ich vielleicht erlöst sein auf eine Zeit.

Amanda (läßt ihn nicht aus). O, ich hab' noch viel mehr zum Vorlesen!

Erste Dame. Was wär's, meine Herrschaften, wenn wir ein Gesellschaftsspiel spielen möchten?

Alle. Ja, ja, ein Gesellschaftsspiel!

Amanda. Aber ein Pfänderspiel!

Riegel (ängstlich). Doch nicht mit Busseln?

Amanda. Natürlich, Fridolin, mit viel Busseln!

Klemper (tritt auf). Ein Gesellschaftsspiel?

Alle. Der Herr Capellmeister! \
Ja, bitte um ein Gesellschaftsspiel! } Zugleich.

Klemper. Das is meine starke Seiten, mit dem ich das schwache Geschlecht unterwirf. Aber mit Pfändern!

Amanda (hüpft). Ja, ja, ja! Mit Pfändern!

Klemper. Na, die hat's nothwendig. — Also wir zählen aus und wen das Loos trifft, der muß unser Lied errathen, das wir ihm ein jeder versteckt in einem Satz vorsagen. Bei dem er's errath, der muß ihm ein Bussel geb'n und zur Straf weggehen und selber rathen.

Alle. | Einverstanden!
Amanda. | Das wird schön, Fridolin!

17. Scene.

Vorige, Stiegel erscheint.

Peppi. Himmel! \
Stiegel. Pepperl! } Schnell hintereinander. \
Riegel. Der Stiegel!

Peppi und **Stiegel** (fallen sich um den Hals).

Riegel. Sö, Sie haben noch nix errathen.

Stiegel. Oh ja; mehr als wir uns g'traut hätten zu denken. (Zu Pepperl.) Pepperl, eine frohe Nachricht hab' ich da! Komm mit mir, ich muß Dir's erzählen, sonst geh' ich vor Ungeduld aus'n Leim!

(Beide langsam Arm in Arm rechts ab.)

Riegel (will nach). Das darf net sein, eine junge Person allein mit einem solchen Abenteurer!

Amanda. Die Abenteurer protegir ich, denn das sind romantische Naturen. — (Hält ihn zurück.) Fridolin bleib bei mir!

Riegel. Der Teufel in Menschengestalt!

Klemper. Ja, bleibens nur da; ich laß Ihnen ja auch nicht fort.

Alle. Auszählen! Auszählen!

Klemper. Also gut; fangen wir an.

Riegel. Wann i nur schon d'raußt wär'! Denen ginget ich nach!

Klemper (singt, während alle um ihn, Hand in Hand herummarschiren).

Alle. Also anfangen, anfangen, Herr von Klemper!

Klemper. Schwarz is net weiß,
Kalt is net heiß,
A Katz is ka Maus,
Auf welchen jetzt mei' Finger zeigt,
Der geht 'naus!

(Das Loos trifft Riegel, der gleich davon will.)

Klemper. Halt aus! Net so g'schwind! Mit dem muß i mitgeh'n, denn der fahrt ab.

(Geht mit Riegel in's Schilf.)

Amanda. Wir wählen mein Jagdlied!

Alle. Dös kann er net errathen.

Erste Dame. Es muß was Bekanntes sein, zum Beispiel: „Ich liebe Dich so sehr, so inniglich!"

Alle. Ja, das; das is leicht!

Erste Dame (zählt jedem sein Wort auf; Amanda bekommt das letzte). Ein Jeder sagt auf die Frag' ein' Antwort, in der sein Wort drinn vorkommen muß.

Alle. Kommen, kommen!

(Lagern sich der Reihe nach.)

Klemper. Sind schon da. Also machens Ihnern Hirnkastel ka Schand und beweisens, daß auch was anders drinn is, als Stroh!

Riegel (fängt bei der ersten Dame an). Lieben Sie mich?

Erste Dame. Ich? — Nein!

Riegel (zum ersten Herrn). Was treib'n denn Sie seit vierzehn Tag?

Erster Herr. Ich liebe!

Riegel. Wen liebt der Herr?

Zweite Dame. Dich!

Riegel. Ich liebe Sie auch!

Dritte Dame. So?

Riegel. Sind Sie gern da?

Zweiter Herr. Sehr gern!

Riegel. Sie auch?

Erste Dame. So, jo!

Riegel (zu Amanda). Und Sie, mein Fräulein?

Amanda. „Inniglich".

Riegel (mit Widerwille). Ich liebe Dich so sehr, so inniglich!

Amanda. Errathen!

Alle. Errathen!!

Amanda (fällt ihm um den Hals und küßt ihn 6—7 Mal).

Riegel. Auslassen! — Ich erstick!

(Amanda wird mit Gewalt von Klemper abgenommen.)

Klemper. So, jetzt kommt an Sie die Reih'!

Riegel (will fort).

Klemper (erwischt ihn). Bleibens nur noch da! Es is noch net aus!

18. Scene.

Vorige, Walzel.

Amanda (geht mit Blick auf Riegel ab zum Schilf und wird unsichtbar, gleich darauf schreit sie furchtbar). Ah!!! Der Menschenfresser!

(A tempo erscheint Walzel als Wilder.)

Alle (schreien und flüchten). Ah!

(Klemper geht zurück nach dem Hintergrund. Man hört Trommelschlag und es erscheint Weghuber. Die Bürger kommen im Sturm angerückt und nehmen Walzel gefangen.)

Weghuber. Hab'n wir Dich? Spitzbub!

Walzel. I bin ja nit der Rechte!

Weghuber. Das könnt ein Jeder sag'n.

(Bauern und Bürger setzen ihn auf den leeren Rollsessel und binden ihn darauf).

Weghuber. So, setzt's ihn da hinauf und jetzt in's Loch mit ihm! (Stolz.) Die Ehre des Regiments ist gerettet!

(Stiegel und Peppi werden sichtbar, welche sich im Hintergrund aufstellen. Stiegel, die Pepperl im Arm, den Brief hoch in der Hand.)

Stiegel. Gute Unterhaltung, Herr von Walzel! (Winken ihm, während er im Triumph nach rechts abgeführt wird, mit Tüchern nach.)

Walzel. Der Stiegel!? Das is mein Tod, das überleb ich nicht!!

(Der Vorhang fällt rasch.)

Ende des zweiten Aufzuges.

3. Aufzug.

Wirthshausgarten. Im Hintergrund ein Gitter mit einem Thorbogen. Links vom Zuseher ein gedeckter Musikpavillon. Rechts, die Seitendecoration bildend, der Glassalon mit zwei Eingängen. Stufen.

1. Scene.

Der Garten ist mit **Gästen** gefüllt, links ein Tisch, an dem zwei **Wäschermädeln**, ein **Fiaker**, **Wendl** und **Klampfel**, beide übertrieben elegant gekleidet, sitzen. Rechts bleibt ein Tisch leer. Im Musikpavillon **Klemper** als Capellmeister, während **Stiegel** das Schlagwerk bearbeitet. Wenn sich der Vorhang hebt, spielt das Orchester auf der Bühne, während die Gäste nach dem Takt der Musik „paschen".

Fiaker (steigt auf einen Sessel).

Gäste. Bravo! — Der Schorschl!

Erster Gast. Drah's außer, mit Schwung.

Fiaker. Z'erst muß i stimmen! (Es wird ihm ein Literglas gereicht.) Nebelt's auf!

Gäste (rufen). Bravo Schorschel!

Erster Gast. Aber mit an Eisen! (Während dem die Musik den Eingang zum Lied spielt.)

Lied.

Fiaker.
1.
Es gibt net so bald eine Stadt, so wie Wien,
Wo d' Leut san so lusti, voll heiteren Sinn,
Wann d' Steuern a drucken, das machts no net aus,
Und wird's am Ab'nd finster, bleibt do kaner z' Haus.

Da sitzens beim Heurig'n und dudeln d'rauf los,
Vergessen auf d' Steuern und Zins. —
Ja, ja, so san m'r halt,
Das gibts wo net so bald,
Mir können nix dafür!   } Chor rep.
Mir — san — mir!

2.

's wird allerweil schlechter, so hört ma' stets klag'n,
D' Leut' hab'n net so unrecht a, wann sie das sag'n;
Beim Heurig'n is a nimmer so als wie's war,
's san andere Zeiten bei uns, das is klar.
Denn f r ü h e r is z' H a u s kommen man nur per Dampf,
Doch j e t z t fahrt ma' schon damit 'naus.
Doch desweg'n gibts kan G'frett,
Das gibts wo anders net,
Mir können nix dafür,   } Chor rep.
Mir — san — mir!

3.

Und aus einer Volksbühn' da haben's (wird) jetzt gemacht,
A neuches Orpheum, daß d' Welt d'rüber lacht,
Theater werd'n weniger allweil statt mehr,
Da wird's sicher kommen so weit meiner Ehr,
Daß, will wer amal a echt's Weanastück seg'n,
Mit'n Schnellzug muß fortfahr'n nach Prag.
Mir hab'n an guten Mag'n,
Mir können viel vertrag'n,
Mir können nix dafür,   } Chor rep.
Mir — san — mir!

(Trinkt den Gästen zu und geht ab.)

Erster Gast (zu Wendl). Na, was sag'ns denn da derzu, Herr Graf!

Wendl. Graf hat er g'sagt! (Reicht ihm dafür sein Glas, spielt den Feinen.) Äh, außerordentlich exorbiant, prompt, fühl mich immer collossal wohl in echter We— aner Gesellschaft, wo nichts von Dienerschaft.

Klampfel. Wann's aufkummt, daß mir zwa —

Wendl (gibt ihm einen Stoß). Halten's 's Maul! Sö bleib'n ewig vernagelt!

Klampfel. Aber der Stiegel?

Wendl. Was? Der Stiegel — richtig und der Klemper, — werd'n wir gleich machen, daß unser Nimbus nicht zerstört wird.

Erster Gast. Schau'ns, jetzt sollten's a was zum Besten geb'n.

Wendl. Garçon! Kellner!

Kellner. Bitte gleich!

Klampfel. Bringen's dem Herrn a Achtel G'spritzten!

Wendl. Bring er für Gesellschaft, was Gesellschaft anschafft, ich zahl Alles.

Stiegel (der von der Tribüne heruntersteigt). Die Wurzen dort kommt mir bekannt vor!

Wendl (zu Stiegel). Sag'ns Graf zu mir.

Stiegel. Der Herr Graf is da, Klemper!

Klemper. Gleich bin ich auch da!

Klampfel. I fürcht immer, die G'schicht geht net gut aus.

Erstes Wäschermädel (zu Klampfel). Sö, was machen denn sö für a harb's G'sicht! Dös gibts da net! (Haut auf seine Schulter.)

Klampfel. Na, na! (Bricht zusammen.)

Zweites Wäschermädel. Mir scheint er is do a Gawlir!

Klampfel. I lach' eh schon.

Erstes Wäschermädel. Anstoßen! — So und jetzt trink'n wir Bruderschaft.

Klampfel. Das is eine Hitzige! — Uli!

Wendl. Der Abend kann mich für ein ganzes Monat stier machen; aber was liegt d'ran. War'n m'r a halbe Stund Graf! Hau'n m'r auf!

Zweites Wäschermädel (zu Wendl). Du!

Wendl. Was denn?

Zweites Wäschermädel. Laß a Hend'l rupfen.

Wendl. Dann bin i und 's Hend'l g'rupft. (Laut.) Mit Vergnügen!

Zweites Wäschermädel. Schau, a Bachhend'l, a ganz's!

Klampfel. Ui!

Erstes Wäschermädel. Mir auch an's!

Kellner. Auch ein ganzes?

Erstes Wäschermädel. Natürli! Mit halberte Sachen geb'n mir uns net ab.

Klampfel (steht auf und will fort, Wendel erwischt ihn beim Rock und zieht ihn auf den Sessel nieder).

Wendl. Ja, bringen's nur!

Gäste. Musi, aufrebeln!

Erster Gast. Ziagts Eng auffi — aber schleunig!

(Die beiden Wäscherinnen stehen auf und schicken sich an, zu singen.)

Erster Gast. Die Wettl und die Sali!

Die Andern. { Halloh!
Bravo!
Das is halt Eisen!

(Bleibt der Regie überlassen, während die Musik den Eingang zu folgendem G'stanzl spielt.)

Erstes und zweites Wäschermädel.

1.

Mir san als harbe Godeln,
Bekannt am ganzen Grund,
Steigt uns amal a Alter nach,
So frag'n m'r glei „na und"?
Und wann der alte Steiger si'
Net auf der Stell glei ziagt,
So kann er ani fangen,
Daß er bis in Prater fliagt.
Duli dich, dulich. (Jodler.)

2.

Mir bögeln Kräg'n und Hemater,
Bon Damen und von Herrn,
Die letztern können a von uns
No — niederbögelt werd'n.
Dö Meisten brauchen uns net mehr,
S' san Jägermaier wor'n,
Von dö kommt kaner uns in b' Näh',
Auf dö hab'n mir an Zorn.
Dulidich — duli — eh ꝛc.

Der G'meinderath hat Teppich kauft,
Klopft müssen's werd'n, 's is wahr,
D'rum trifft ihn auch der Vorwurf oft,
Daß viel verklopft wird 's Jahr.
Drum hat er jetzt zum Spar'n ang'fangt,
Zum Wohl der ganzen Stadt,
Nur aus is schad, daß er zum Sparn
Beim „Wasser" ang'fangt hat.
Duli — di — eh, dulich ꝛc.

(Während der Zwischenmusik, welche die einzelnen Strophen verbindet, wird von den Gästen „mitgepascht". Unmittelbar an dieses Duett schließt sich ein Musikstück an, das piano fortklingt, und zwar durch die ganze folgende Scene.)

Wendl. Entzückend! — Wettel, trink'n m'r Bruderschaft.

Klampfel. I hab a Höllenangst!

2. Scene.

Die Vorigen, **Riegel**, **Walzel**, am Arm **Peppi**, treten ein.

Wendl (springt auf). Klampfel!

Klampfel (ebenso). Wendl!

Erstes Wäschermädel. Na wart's Cavalir!

Zweites Wäschermädel. Dös hab' ich ja eh glei g'wußt!

Wendl. Kaltes Blut, Klampfel; 's is alles eins, kommt was kommt; bleib'n wir da; auskommen thun wir nimmer!

Klampfel. Dö Schand! Mir soll'n no im G'wölb' steh'n und jetzt sieht uns unser Chef da beim Heurig'n dudeln, anstatt Häring' verkaufen. (Weinerlich.) Duliäh, duliäh!

Walzel, Riegel und **Peppi** (gehen zum Tisch rechts).

Walzel. Also da find' ich den Elenden wieder. Der Riegel hat also Recht g'habt; und der zweite Hallunk is auch da — und dort, wie mir scheint, sitzen noch zwei; na wart's!

Riegel. O Du elender Pepperlräuber!

Peppi. Wo führt mich denn der Onkel überall hin? Sogar zu ein' Heurigen!

Walzel. Du gehst jetzt überall mit mir, denn Du bist nirgends sicher, vor unberufenen Angriffen auf Deine Person, die Du nicht einmal abzuwehren gedenkst! — Undankbares Geschöpf Du!

Peppi. Mir sind diese Ueberfälle nicht gar so schrecklich, Onkel.

Walzel. Aber mir; und das is genug. — Weißt Du nimmer, was ich weg'n Dir alles ausg'standen hab'?

Riegel. Und ich erst. Sechs bis acht Busseln von der verruckten Dichterin — das is doch g'nug.

Walzel. Schau 'n Riegel an, der is vor lauter Aufregung schon zum Gespenst abgemagert. 's reine Gespenst is er g'worden.

Peppi. Das is er net erst g'worden.

Walzel. Still sag' ich; Schnabel!

(Bleibt grübelnd und finster sitzen.)

Wendl. Jetzt heißt's frech sein! Klampfel! Wir kennen ihn net, nachher fahr'n wir ab und morgen wird g'läugn't.

Klampfel. I werd' mich a bissel verändern. (Stellt den Rockkragen auf.)

Erstes Wäschermädel. Is Ihner kalt?

Klampfel. Na, aber mir könnt' kalt werd'n.

Riegel. Dort sitzen zwei Bekannte.

Walzel. Hab's schon g'seg'n!

Peppi (sieht auf das Orchester). Jesses, der Klemper! (Erschrickt.) — Der Stiegel! (Kann ihre Freude nicht bemeistern und ruft laut.) Ah!

Stiegel (blickt her, es fallen ihm die Trommelschlägel aus der Hand). Die Pepperl mit'n Riegel!

Klampfel. Sö, da habn's Ihnere Klempeln.

Peppi (mehr für sich). Was der Franzl jetzt sag'n möcht, wann ich mir vom Riegel die Cour schneiden lasset?

Riegel (zärtlich, immer näher rückend. Stiegel sieht nicht mehr auf seine Noten und trommelt öfters falsch). Oh, Du Spröde, Du wirst mich also nie und nimmer erhören?

Peppi (sieht auf den Boden).

Riegel (legt seinen Arm auf Peppi's Sessellehne).

Stiegel (schlägt aus Eifersucht stark in die Trommel).

Riegel (erschrickt und zieht zurück). Verdammt!

Erstes Wäschermädel. Das is aber romantisch.

Wendl. Ja, das is von Wagner. Nicht wahr, Herr von Klampfel?

Klampfel. Ja; das is von Wagner, der sechste Act aus'm Troubadour!

Wendl. Oh! — —

Riegel. Heißgeliebte Pepperl! Ich bring mich um!

Peppi. Das wär' g'scheidt. Vielleicht hätt' ich dann a Ruh vor Ihnen.

Riegel. Ruh? — Oh na. Da gebet i erst recht ka Ruh, denn da ginget i dann als Geist um.

Peppi (lacht). Ha ha! Sie brauchen gar net als Geist umz'gehn, derschreckens schon d' Leut!

Riegel. Das wär füchterlich zum Anschaun! Und wann Sie dann in der Brautnacht, Ihnern Stiegel küssen thäten, da thät sich mei Geist, ganz in a schneeweiß Leintuch eing'wickelt dazwischen leg'n und da kriegerten's so a eiskalt's Bußel von mir (geisterhaft), daß Ihner frieren thät. (Greift ihre Hand.) Peppi!

Stiegel (schlagt noch stärker wie das erste Mal in die Trommel, Riegel erschrickt noch heftiger.)

Peppi. Jetzt is der Geist selber erschrocken.

Erstes Wäschermädel. Du Graf! — Der Wein is gar, laß an frischen anfahrn.

Wendl. I werd bald abfahrn.

Zweites Wäschermädel. I möcht a Backerei!

Klampfel (steht auf). Mir is net gut.

Erstes Wäschermädel. Bleibst net da! (Setzt ihn nieder).

Walzel. Dö zwei dort, könnt ich eigentlich zur Ausführung meines Racheplanes brauchen.

Riegel. Und i wär so glücklich. — Fräulein Peppi, I bitt Ihnen, sag'ns ja!

Peppi. Was habn's denn davon?

Riegel. I bitt Ihnen sag'ns — ja.

Peppi. Na j a !

Riegel. Oh! (Fällt ihr an den Hals. Stiegel fängt à tempo entsetzlich zum trommeln an. Riegel läßt los.)

Peppi. Sind's verrückt word'n Riegel? (Macht s auf b.)

Erstes Wäschermädel. Ja was is's denn? Is der Trommelschlägel narrisch word'n?

Stiegel (gestikulirt noch auf der Tribüne fort).
(Die Musik beginnt ein neues Stück, zu dem Stiegel, allmählig wieder seinen Zorn besänfti end, immer richtiger das Schlag werk spielt.)

Erstes Wäschermädel. Jesses, jetzt fangt's zum Regnen an.

Peppi. Jetzt regn'ts, — mein neuer Hut; Herr Onkel, geb'n s' mir das Paraplui!

Riegel. Da, — seg'n s', das is schon wieder eine Umgehung meiner Person; warum verlangen's das nit von mir. — Es is ganz neu und ich werd' mir's mein Lebtag als Andenken aufheb'n, weil's Sie das erste Mal überspannt hat.
(Alles folgt dem Beispiel Riegel's und bleibt sitzen.)

Klampfel. Uisch, mei' neucher Zylinder! (Deckt sein Sacktuch darüber.)

Erstes Wäschermädel. Wann's lang net g'regn't hat, braucht ma' nur a Gartenfest z'geb'n, dann regn'ts sicher, das is allerweil so!

Wendl. Geh'n wir dann in den Saal!
(Die Musik geht in den Saal, es folgt ihr alles nach; zwei Geiger spielen den Jodler, während die Gesellschaft in Paaren, übermüthig und voll Lustbarkeit nachmarschirt.)

Walzel. Herr Klampfel!

Klampfel (erschrickt). Hat mi schon!

Walzel. Ihr zwei bleibt's da, bis ich wieder heraus komm'!

Klampfel. Was? — Er beutelt mi gar net? Er sagt anstatt Mistbub, Herr zu mir?
(Alle ab, bis auf Wendl und Klampfel.)

3. Scene.
Wendl und **Klampfel** unterm Paraplui.
(Wendl geht mit seinem Schirm öfters an einen andern Platz wohin Klampfel ängstlich folgt.)

Wendl. Ich war a halbe Stund Graf! Für so a halbe Stund gibt man gern was her; es dauert ohnehin net lang, so steh' i wieder mit'n Schurz hinter der Budel!

Klampfel. Wendl! — J hab' ein Rendez-vous!

Wendl. So. — Wann denn? Mit wem denn?

Klampfel (stolz). Mit meiner Wäscherin. — J hab' ihr versprochen, daß ich meine Wäsch' werd' bei ihr waschen lassen, dann kommt's zu uns in's G'schäft und holt sich's!

Wendl. Aber Mensch! Wie können's denn das thun, das zerstört ja unsern feinen Nimbus!

Klampfel. Sie hat mich g'fragt, was ich den ganzen Tag thu', und da hab' i g'sagt, das is sehr verschieden; bald dreh' ich Stanitzeln, bald fahr ich mit'n Sultl mit'n Wag'l und bald thu' ich Weinberln auslösen, dann wieder thu'n ich und Sie Zuckerhut werfen, was halt so aristokratische Zerstreuungen mehr sein.

Wendl. Unsere feine Abstammung is durch Ihnere dumme Aufrichtigkeit — bekannt word'n, Sö bleib'n ewig vernagelt.

Klampfel. Sie hat g'sagt, sie hat's eh net glaubt und Ihnen kennt's schon lang!

Wendl. Das is die Schattenseite der Popularität! (Spannt den Schirm zu.)

Klampfel. Jesses, wann wir naß werd'n!

Wendl. 's hat schon wieder aufg'hört.

4. Scene.

Die Vorigen, Klemper u. Stiegel. Zwei sogenannte „**Pülcher**" kommen durch die Gartenthür und setzen sich.

Stiegel. O du mein — o du mein, das Elend! Der Riegel laßt mein' Pepperl net aus!

Klemper. Da hilft nur eine Entführung!

Stiegel. Ja, wann's mir nur geht. In vierzehn Tag'n wär' alles geordnet, da hätt' der Walzel sein' Prozeß und ich 's Madl!

Klemper. Sie wird schon standhaft bleib'n! Uebrigens — warten wir ab, wenn uns die Umstände günstig sind, so entführen wir sie zu meiner Sidonie! — Ah — die sind auch noch da. (Zu Klampfel.) Sö, was hat denn das für eine Bedeutung, daß Sie heut' so aufhann?

(Stiegel und Wendl treten zurück.)

Klampfel. I weiß net, der Wendl hat zu mir g'sagt, heut' ziehn's Ihnen schön an, heut' geh'n wir zu der Weintraub'n. —

Klemper. Aber wer is denn im G'schäft?

Klampfel. Niemand, wir hab'n zug'sperrt. Der Walzel is mit der Peppi fort und hat g'sagt, er kommt heut' nimmer, wir soll'n um zehne zusperr'n und dann schlafen geh'n.

Klemper. Und da habt's ös um achte zug'sperrt und seit's abg'fahr'n — recht habt's. — Wie der Herr, so der Diener; ich hätt's auch so g'macht.

Stiegel. Das is der Klampfel?

Wendl. Ja.

Stiegel. Wie hab'ns denn den anzog'n? Der schaut ja aus, als wenn er grad vor einer halben Stund 'n Schneider auskommen wär'.

Wendl. Is er auch! — Mein Werk, nur stimmt das Innere noch nicht ganz mit seinem eleganten Aeußeren überein!

Stiegel. Warum geh'ns denn net hinein?

Klampfel. Wir gingeten schon, aber wir trau'n uns nit.

(Im Saal wird nach Musik gerufen.)

Stiegel. Ich muß wieder zu meinem neuen G'schäft zurück, sie schrei'n schon d'rinnen.

Klemper. Na, 's is net so eilig!

Stiegel. Sie, Herr von Wendl, wenn's den Herrn von Riegel seh'n, so sag'ns ihm, daß wenn er mei' Pepperl no ein einzig's mal anrührt, ich ihm mit'n Trommelschlägel sein' schwarze Seel aus'm Leib heraushau!

(Durch die rückwärtige Thür Klemper und Stiegel ab.)

5. Scene.
Walzel, Wendl, Klampfel.

Wendl. Ja, was thun wir denn? Wir können doch nit da übernachten.

Klampfel. Und unsere Damen verlassen.

Wendl. Geh'n wir 'nein — unsere Ritterpflicht gebietet uns, unsere geschäftlichen und socialen Beziehungen zu Walzel zu ignoriren. — (Wollen hinein durch die erste Thür.)

Klampfel. Gengen Sö voraus!

Walzel (öffnet rasch die Thür und steht gebietend in derselben).

Klampfel. | Gnade!
Wendl. | Hat uns schon!

Walzel (in der Thür stehend, mit Regenschirm). Also, da muß ich Euch wiederseh'n. — Anstatt im G'wölb z'bleib'n, fahrts Ihr ab und geht's dudeln! — Ihr seid's ja Verbrecher, Sperrstund=Ignoranten. — Ich sollt Euch eigentlich alle zwei bei die Köpf packen und beuteln. — Aber ich laß heut' Gnade walten und mach' eine Ausnahm', wenn Ihr mir versprechts, das zu thun, was ich befehl'!

Klampfel. Ich schwör!

Wendl. Da is meine Hand.

Walzel. Ich bin tödtlich beleidigt worden und muß mich rächen, sonst werd' ich krank. — Euer Chef is beleidigt worden, begreift's Ihr das? Und wenn Euer Chef beleidigt wird, so is das so viel, als wenn die ganze Firma beleidigt wird — und da g'hört's Ihr auch dazu.

Klampfel. Ha! — Wo is der Elende, der das gewagt?

Wendl. Das muß gerochen werden!

Walzel. Der Beleidiger unserer Person ist da und muß hier gelyncht werden, wo anders is's net möglich.

Klampfel (kleinlaut). Ja, aber wann er stärker is, als wir!

Walzel. Keine Angst; das betreffende Objekt wird kampfunfähig g'macht und dann besorgt's Ihr die wohlverdiente Züchtigung, aber presto, mit Nachdruck; derweil ich da im Pavillon steh und den Tact angieb.

Wendl (für sich). Das is dem Stiegel zugedacht! (Laut.) Auf mich können's Ihnen verlassen!

Klampfel. Unschädlich gemacht? (Muthig.) Ha! Wo is der Verräther — oh, ich werde fürchterlich sein, in meinem Zorn. (Schwingt den Stock und läuft muthig herum.)

Walzel. Da habt's einen Fünfer! — Den dürfts heut' auf mein Wohlergehen auf Erden und meine Genugthuung vertrinken; — aber ich bitt', erst nach der Justificirung! Und jetzt geht's hinein zu meinem Tisch, bewacht's mir die Pepperl gut, dann schickt's mir den Riegel heraus

und wann ein Stein an das Fenster fliegt, dann kommt's heraus, dann is alles vorbereitet. — Also schwört's mit mir — Rache!
(Halten die Spazierstöcke gekreuzt über einander und die freie Hand in die Höhe.)

Wendl
Klampfel } zugleich. Rache! — Rache! — Rache!
Walzel

(Wendl und Klampfel im Abgehen.)

Wendl. Der Herr wird seine Diener loben!

Klampfel. Ich hau ihm die Knochen aus'm Leib!
(Klampfel, Wendl ab in den Saal.)

6 Scene.

Walzel, dann Riegel, später Klemper.
(Die zwei ganz im Hintergrunde sitzenden „Pülcher".)

Walzel. So, das wär' gut g'angen. Die Zwei sind dümmer, als's ausschau'n. Die werd'n Aug'n machen, wann's seh'n werd'n, — wen's g'haut haben. Auf eine so geniale Art hat sich noch niemand gerächt, wie ich. —

Riegel. Da bin ich. Was is's denn?

Walzel. Kommen's her. Hab'ns Ihnen bei der Pepperl schon eintögelt?

Riegel. Ja; mir scheint. Sie hat mir g'rad g'sagt, ich werd' ihr jeden Tag unausstehlicher.

Walzel. Wann Sie net bis längstens elf Uhr mit ihr per „Du" sind, dann weiß ich nimmer, was ich mit Ihnen machen soll.

Riegel. Die Liebe hat mich so dumm gemacht.

Walzel. Uebrigens is no net Alles verloren. Es handelt sich mir nur den Brief, den der Stiegel hat, wieder in meinen Besitz zu kriegen. Dann ist Alles gerettet! Da, lesen's das da!

Riegel (liest). „Geehrter Herr Walzel! Als Testaments= vollstrecker ist es meine Pflicht, Sie, als den Vormund Ihrer Nichte, der Josefine Walzel, zu verständigen, daß ihr Taufpathe, der am 10. dieses in Boston verstorbene Herr Peter Mallner ihr in seinem Testament ein Legat von zwanzigtausend Gulden (pfeift) vermacht hat, welche Summe am Tage ihrer Verheirathung von mir ausgezahlt wird, gleichgiltig wen sie heirathet." (Knickt ein.) Zwanzigtausend

Gulden! Gott Amor und Göttin Fortuna steht's mir bei! (Liest.) „Dr. Schnapper, Notar." — Zwanzigtausend Gulden!!

Walzel Zwanzigtausend Gulden.
(Klemper geht unbemerkt von Walzel und Riegel über die Scene und in den Pavillon.)

Riegel. Und was is denn in dem Brief, den der Stiegel hat und den Sie durchaus wieder zurück haben wollen, gar so wichtiges für uns d'rinn?

Walzel. Das geht Ihnen nix, nur mich sehr viel an. Das is ganz persönlich! — Aber hab'n muß ich ihn und das ist das Einzige, was Sie angeht. — Denn nur wann ich den Brief hab', krieg'ns die Pepperl.

Riegel. Was soll ich denn thun?

Walzel. Ich hab' folgenden Plan entworfen. — In einer kleinen Weile werd' ich den Stiegel herauslocken lassen, da muß die Pepperl mithelfen. Is er aber heraußen, dann ereilt ihn sein Verhängniß — alles Weitere is noch überflüssig. — Hab'n wir dann den Brief in Händen, dann zwing ich sie, Ihnen zu heirathen, sonst schick ich sie aus meinem Haus, aber willigt sie ein, dann krieg ich sechs Prozent vom Erbtheil.

Riegel. Gut.

Walzel. Schriftlich.

Riegel (schreibt). So, da — fällig drei Monat nach dem Tage der Hochzeit.

Walzel. So, also jetzt geh'ns wieder hinein. Wenn ein Stein an's Fenster fliegt, is das das Zeichen, daß unsere Verbündeten in Action treten werden; dann können's Ihnen an dem Rachewerk betheiligen. (Sagt ihm etwas in's Ohr.)

Riegel. Ha! Großartig! — Na wart, Nebenbuhler, heut' werd' ich mit dir abrechnen! — Ha, ha! Großartig abrechnen. (Ab.)

7. Scene.
Walzel, zwei „Pülcher".

Walzel. Mein Werk nimmt immer greifbarere Formen an, bald wird's vollendet vor mir dastehen. (Zu der Ausgangsthür gewendet.) Pst! — (Winkt.) Pst! — He!
(Die zwei Vagabunden treten hervor.)

Walzel. Wollt's Ihr Euch ein jeder ein Geld auf eine ehrliche Art verdienen?

Erster „Pülcher". Wann m'r net z'viel schwitzt dabei.

Zweiter „Pülcher". Oder darnach lang dunsten muß.

Walzel. Ihr braucht's Euch nicht zu fürchten; es handelt sich nur um ein' G'spaß.

Erster „Pülcher". Her mit'n Geld!

Walzel. Net so hitzig! — Also paßt's gut auf. In einer kleinen Weil' wird Einer daherkommen, der wird ein sehr dummes Gesicht machen, denn er hat hint am Rockkragen ein Stanitzl stecken und weiß es nicht! — Der wird packt!

Zweiter „Pülcher". Warum?

Walzel. Das is meine Sache. Eure is zu packen.

Erster „Pülcher". Ja und was zahl'n's denn?

Walzel. Jetzt werd' ich mich splendid zeigen. Jedem an Einserl!

Erster „Pülcher". Dös is z'wenig. Denn, Jemand packen, is so viel als wie öffentliche Gewaltthätigkeit und da is nach Paragraf 126 sechs Wochen bis zwa Jahr d'rauf. Unter zwa Guld'n ein' Jeden is gar ka Red'!

Walzel. Also gut. Da habt's Eucher Geld! Also, wann's ihn packt habt's, dann greift's in seine Rocktaschen und nehmt's sein' Brieftaschen heraus. —

Erster „Pülcher". Ja, was fallt denn Ihner ein; das is ja Raub! — Da d'rauf is nach Paragraf 136 des bürgerlichen Strafgesetzbuches acht Monat bis vier Jahr. — Da is unter an Fünfer gar ka Red'!

Walzel. Aber es is ja kein Geld d'rinn!

Zweiter „Pülcher". Alles ans. — Jedem an Fünfer. Kost uns selber so viel.

Walzel (giftig). Also da, ös Vampyre! Da habt's noch das übrige! — Nacher, wann Ihr die Brieftaschen habt's, gebt's es da hinein in den Pavillon, da werd' ich d'rinn steh'n und sie in Empfang nehmen. Dann aber nehmt's das Packl, das ich Euch geb'n hab'. Es is ein Sack d'rinn, groß genug, daß ein Sünder, auch wenn sein Sündenbünkel no so groß is, hinein geht; und da steckt's ihn hinein und bindt's ob'n zu und legt's ihn hinaus vor's Gitter. Dann könnt's abfahr'n!

Erster „Pülcher". Das geht schon wieder net. Das kost schon wieder um ein Anserl mehr, denn das is nach Paragraf 122 des bürgerlichen Straf-Gesetz-Buches Einschränkung der persönlichen Freiheit.

Walzel. Der kann 's ganze Straf-Gesetz-Buch auswendig. —

Erster „Pülcher". Und das kost noch an Anserl!

Walzel. Alsdern mein'twegen; da habt's es. Aber es is ja gar ka G'fahr dabei. Es is ja nur a G'spaß. Der G'spaß nämlich, der dem vergeh'n wird, der in Sack d'rinnsteckt. Also geht's auf Euren Posten und paßt's auf.

Zweiter „Pülcher" (zu Walzel). Du, Collega!

Walzel (entsetzt). Was?

Erster „Pülcher". Collega! Wann die G'schicht gut ausgeht, dann trink m'r miteinander ein' Liter.

(Beide ab durch die Mitte.)

Walzel. Du verfluchter Kerl! — Der hat den Satan im Leib! — J, sein Colleg'. Na, sowas! (Dreht ein kleines Stanitzel.) Ich kann's gar nimmer erwarten, bis der Moment der Rache da is. Jetzt das Brandmal, was den Sünder zeichnen soll, g'schickt anbringen. So, jetzt noch die Spennadel und das Zeichen unter dem ich siegen werde, is fertig! — (Im Abgehen.) Dann krieg i 's Geld, — der Riegel 's Madel — und der Stiegel Schläg'. Das is genial angelegt. (Ab in den Saal.)

8. Scene.

Klemper kommt aus dem Pavillon.

Klemper. So? — Das ist ein sauberer Plan! Na wart, Dir werd' ich Stanitzelanhängen helfen, daß 's D' bein Lebtag d'ran denken wirst. Du elender Sidonienverführer! Du Tugendaufdieprobsteller! Jetzt is der Zahltag 'kommen. Jetzt heißt's aufpassen und den Stiegel aus der Mausfallen 'rauszich'n! (Geht zur Seite.)

9. Scene.

Klemper, Weghuber in altmodischer Civilkleidung.

Weghuber. Also, da soll ich den Walzel treffen. Es is mir auch lieber so, denn da kann er mich net 'nauswerfen.

Klemper. Je, Herr Oberst; Sie da — in Wien?

Weghuber. Ja, seit Nachmittag und zum ersten Mal.

Klemper. Und da hab'ns glei zum Heurigen g'funden. — Merkwürdig, was für einen Orientirungssinn mancher Mensch hat! Was führt denn Sie daher, wenn man frag'n darf?

Weghuber. Eine geheime Mission! — Ich bin die Deputation, die das Kümmelbacher Bürgercorps abgesandt hat, um einer gefeierten Dichterin den Dank von einer enthusiasmirten Bürgerschaft darzubringen, für eine Dichtung — für ein Heldengedicht! — Aber ich komm' auch als was ganz Anderes. Der Weghuber hat den Junggesellen satt; — und nur Du allein, Amanda, bist würdig, die Oberin des Obersten von Kümmelbach zu werden.

Klemper. Na, i gratulir! (Für sich.) Es is bewunderungswürdig, mit welcher Hartnäckigkeit mancher auf sein eigenes Verderben losrennt!

Weghuber. Eine Dichterin zur Lebensgefährtin, das is der höchste Wunsch von jeher gewesen, den i g'habt hab'.

Klemper. Der wird si' anschau'n, — wann er bei der Nacht die Gedicht alle in's Reine schreiben muß, die seine theure Hälfte beim Tag fabrizirt! Aber was thun's denn da, beim Heurigen?

Weghuber. Aber noch was führt mich her; und zwar g'rad daher zu der Weintrauben, da ich erfahren hab', daß der Herr von Walzel da sein soll. —

Klemper. Was haben's denn mit dem?

Weghuber. Dem muß ich feierliche Abbitte leisten, für die miserable Behandlung, die ihm irrthümlicher Weise bei uns widerfahren ist. Drei Tag is er g'sessen!

Klemper. Ja, da geh'ns nur da hinein, da is er d'rinn. (Für sich.) Wann er nur bald ging.

Weghuber. Hoffentlich is er versöhnlich g'stimmt; mein Regiment und ich hab'n uns halt schon wieder unsterblich — blamirt. Ich hab' wollen meine Commandantenwürde niederlegen und abdanken, da hat mir die Bürgerschaft ein Ständchen und die Bauern aber eine Katzenmusik 'bracht. Ich hab' noch immer nicht gewußt, ob — soll ich — oder soll ich nicht. Sie, dieser Kampf in mir war schrecklich. Auf der Rechten meines Hauses Fackelbeleuchtung, verherrlicht,

verhimmelt und angesungen — auf der Linken unheimliche
Finsterniß — Katzenmusik und Verachtung. — Ich bin mir
wie der Herkules am Scheideweg vorkommen. Da aber hat
sie, sie, mein Leitstern eingegriffen, hat mich bestimmt zu
bleiben und Kümmelbach hat wieder seinen Commandanten
g'habt. (Gerührt.) Da, hör'n's! (Liest.)
Mein edler Retter!
Ich sage Dir
Meinen heißen Dank dafür,
Daß Du aus Menschenfresser Händen mich befreit,
Das danke ich Dir alle Zeit.
Auch Deinen muth'gen Männern Preis und Ehr,
Heil Kümmelbach und seiner tapfern Bürgerwehr!
(Nimmt sein Sacktuch heraus. Ab in die erste Thür.)

10. Scene.

Klemper, Stiegel, aus dem Saal.

Klemper. Dem vergunn ich die Amanda!

Stiegel. Sie! Klemper, was Neuches! Der Walzel
is mit mir freundlich g'worden. Er hat mir erlaubt, an
seinem Tisch Platz zu nehmen und mich neben ihm und der
Pepperl z'setzen. — Dö Freud' von dem Madel! — Aber
merkwürdig, wie sich unsere Freud' glei' auf die andern Leut'
mitgetheilt hat; — denn kaum sitz ich bei denen und mach
meiner Pepperl auf alt und neuch den Hof, is Alles um
uns so lustig 'worden und hat Alles so g'lacht — und der
Walzel und der Riegel, die hab'n si' vor Lachen gar nimmer
halten können.

Klemper. Lassen's Ihnen amal anschau'n, ich werd'
glei' heraußen hab'n, ob's die Ursache der Lustbarkeit net bei
Ihnen herumtragen. (Dreht Stiegel um, und nimmt ihm vom
Rockkragen ein kleines Papierstanitzl herunter.) Da schau'n's her!

Stiegel. Ah, deshalb! — Das hat mir der Walzel
ang'hängt! So ein alter G'spaß!

Klemper. Der G'spaß is net so alt, als Sie glauben,
denn hörn's und staunen's. Was ich Ihnen jetzt erzähl', das
hab' ich mit die zwei Ohr'n da eigenhändig aufg'fangt! —
„Und der Erste der da herauskommt und hat ein Papierl
am Buckel stecken — der wird packt und —

Stiegel. Und?

Klemper. O'haut! — Das hat der Walzel Ihnen eingebröckelt.

Stiegel. Was? — So a linker Schächer, der war ja noch a Ehrenmann gegen den Intriguanten, — aber wart, die Prügelsuppen werden wir ganz wem andern aufdecken und serviren. (Geht nach rechts und nimmt ein großes Plakat von der Wand und gibt es Klemper.) So, Herr von Klemper! Jetzt werden Sie wissen, was Sie zu thun hab'n damit!

Klemper. Jetzt muß die Pepperl helfen, dann bin auch ich gerächt! (Ab rechts.)

11. Scene.

Stiegel allein.

Und ich Esel wär' bald das Opfer meiner Kurzsichtigkeit 'worden. Also Deine plötzliche Liebe zu mir war nur Falschheit? — Es is Dir nicht genug, daß Deine Sardell'n g'sottene Grundeln sind, und in Dein' Mehl mehr Gyps als was anders drinnet is; daß Deine Frankfurter von Klederling importirt werd'n, das is mir nicht so abgefeimt vorkommen, als das ehrliche G'sicht, was der Kerl g'macht hat, wie er mi zu sein' Tisch zog'n hat! — Sachen erlebt man auf der Welt — rein zum staunen. Aber das kommt daher, weil meine Erfahrungen über unser G'wölbthür nicht hinaus gereicht haben! Diese Ereignisse kommen mir vor, wie ein Theaterstück, wo der Walzel den Elenden, die Pepperl die bedrängte Unschuld und ich den hoffnungslos Liebenden spiel, denn mit'n blassen G'sicht und meistens mit einer Guitarr' oder Flöten. Na, ich hab' halt jetzt derweil die Trommel! — Aber es passiren Einem im Leben überhaupt so viele Sachen, die an's Theater erinnern, daß ich gar nimmer über meine eigenen Erfahrungen staun'. — Ja, net nur ein ganzes Theaterstück, blos der Titel davon is oft schon genug, um im Leben eine Handlung zu bedeuten.

Couplet.

1.

Es hat ein junger Mann einmal
Von großem Reichthum g'träumt,
Ein reiches Mädchen sucht er sich,
Das sich mit ihm vereint.

Und als er's g'habt hat, hat er 'glaubt,
Jetzt is ihm 's Glück beschieden,
Bald d'rauf flieg'n d' Neindeln hin und her
Und jetzt spiel'ns — „Krieg im Frieden".

(Zwischen=Musik.)

Dann hat er hing'legt sich, is g'storb'n,
Das hat er von sein Strebn.
D'rum träume nie von Pracht und Glanz,
Sonst kost' — „der Traum ein Leben".

2.

Ich liebe Sie, sagt er zu ihr,
Ganz über alle Maßen,
Ich bin unglücklich, ohne Sie
Fühl ich mich so verlassen!
Zum Schluß gibts nach, weil er sehr fein
Und sehr galant auch war,
Doch hat den meisten Ausschlag geb'n,
Weil er — „Graf Waldemar".

(Zwischen=Musik.)

Der Graf bleibt aus — sie muß auf's Land
Und hat jetzt nix zum Lachen,
Ich hab' mir gleich gedacht, daß nur —
„Ein' Jux will er sich machen".

3.

Ein Mädchen war sehr wählerisch,
Der Zehnte ihr net recht;
Da war zum Schluß, mit lauter Wähl'n,
Dem Elften sie zu schlecht.
Dann hätt's ein' Jeden g'nommen — wann
Noch einer 'kommen wär', —
Doch war's zu spät, jetzt keiner mag
„Die alte Schachtel" mehr.

(Zwischen=Musik.)

Nun geht sie noch als Schreckgespenst,
Mit Brill'n und dünne Wadel, —
Um Mitternacht herum als „Ahn=
frau im Gemeindestadel".

4.

Er muß auf's Land, so sagt zu sich
Der Herr Commis von Bandl;
'nauf in's Gebirg mit nackte Knie,
Im schön' Touristen-G'wandl.
Sehr wohlgefällig blickt er auf
Sein spindeldürres Quax,
Und richtig, gar nicht lang nachher,
Steht ob'n er „auf der Rax".

(Zwischen-Musik.)

Da kommt ein Wind, jetzt hat er 's G'frett,
Der waht ihn — das is bitter,
Herunter, daß er ausschaut, wie
„Der g'schundene Raubritter".

5.

Der Herr von Müller, der schon alt,
Muß sich ein Mädchen wählen,
Mit achtzehn Jahr zu seiner Frau,
Das will ich kurz erzählen.
Die junge Frau, die kriegt ein' Bub'n,
Der is des Stammbaum's Retter,
Dann hat sie auch ein' Herrn Cousin —
Und der is „Stabstrompeter".

(Zwischen-Musik.)

Und 's trifft sich oft, daß ich die Zwei
Allein im Stadtpark find',
Derweil sitzt ganz alleinig z' Haus —
„Der Müller und sein Kind".

(Ab nach links.)

(Kleine Pause, es wird finster.)

12. Scene.

Walzel hat Peppi's Schleier vor dem Gesicht, doch im Anfang hinaufgezogen und kommt in langsamen, gezogenen Schritten, die Hände gekreuzt, von rechts auf die Scene und hat am Rücken ein riesiges Papierstanitz befestigt; doch tritt er so auf, daß dasselbe vom Publikum noch nicht bemerkt werden kann.

Walzel. Ha! — Stiegel, Deine Stunden, die Du noch auf die Peppi hoffen kannst, sind gezählt. — In einer kleinen Weil' bin ich im Besitz meines Dokumentes, was allein im Stand' wär', mir einen Strich durch die Rechnung zu machen — und dann hab' ich gesiegt! Ha! Es ist mir so diabolisch zu Muth, daß es mir nicht genügt, blos das Bewußtsein zu besitzen, daß alle Verlegenheiten, in die er mich hinein bracht hat, stückelweis aus ihm heraus g'haut werden; — nein; ich muß selber Zeuge meiner Rache sein, meiner Rache für die Schreckenstage im Kümmelbacher Gemeindekotter. — Ich werde mich rächen und furchtbar, wie ich selber, wird meine Rache sein. Ich komm' mir aber auch schon vor, wie der klane Hamlet! (Dreht sich um und geht auf den Pavillon zu.)

13. Scene.

Walzel, zwei „Pülcher", Riegel mit Schirm.

Erster „Pülcher". Schorschl! — Da is er!

Zweiter „Pülcher". Faß'n m'rn ab!

(Beide stürzen nun auf Walzel. A tempo wird in dem Pavillon Stiegel sichtbar, der mit dem Trommelschlägel den Zylinder Walzel's antreibt. Walzel schreit gedämpft fortwährend. Die Beiden nehmen nun Walzel den zweiten Brief vom Notar aus der Tasche, den Stiegel in Empfang nimmt und schleppen den Walzel hinaus durch den Eingang.)

Riegel. Sie hab'n ihn schon! — (Streicht sich das Gesicht schwarz an.) Aber ich trau mich nicht hinaus allein. Was mach ich denn nur? Hebt einen Stein auf, den er in die Fenster wirft, die klirrend zerbrechen. Das müssen's g'hört hab'n!

14. Scene.

Wendl, Klampfel, Klemper, Riegel, alle mit Stöcken bewaffnet, stürzen heraus und laufen einer hinter dem andern beim Gitterthor hinaus, nachdem man gleich die Schläge hört, welche sie dem im Sack steckenden Walzel ertheilen. Man hört Walzel dumpf schreien.

Walzel. Gnade! — Barmherzigkeit.

15. Scene.

Alles kommt eilig heraus.

Zugleich. { Was is's denn?
Was gibt's denn?
Gast. Wer hat denn 's Fenster g'brochen?

Stiegel. Peppi! Da komm her und vernimm, daß wir gewonnen hab'n!

Peppi (geht in den Pavillon).

16. Scene.

Es kommen nach der Reihe, höchst aufgeregt und noch die Stöcke schwingend **Riegel, Klampfel, Wendl** und **Klemper** zurück.

Riegel (spricht in den Pavillon und hat einen total zerschlagenen Regenschirm in der Hand. — Schreit). Haben's den Brief?

Stiegel (die Pepperl umarmend). Ja! Und die Pepperlauch!

Riegel. Ah!!! Der Stiegel!!! O, ich Rindviech!

Stiegel. Den da, (auf Riegel zeigend) laßt's net aus, das is der, der's Fenster eing'haut hat.

Erster Gast.
Kellner.   } Halten Riegel beim Kragen.

Riegel. Das is mei' Tod!

Wendl. Ah! — Das hat wohlgethan!

Klampfel. Der Herr Chef wird mit mir zufrieden sein! Wann der Lump, der im Sack d'rinn steckt, noch ein g'rad's Glied hat, so will ich Feitel heißen!

Klemper. Ich hab' mich gerächt! — Sidonie Du bist glänzend gerächt!

Gäste (durcheinander). Ja, was is denn los? Was is 's denn?
Erster Gast. Wer macht denn da so an Mordsspetak'l? 2c.

17. Scene.

Die Vorigen, Walzel.

Walzel (hüpft im zugebundenen Sack herein bis in die Mitte der Bühne). Ah! — Aufmachen! — Ich erstick!

Erster Gast. Das is g'spaſſig, da geht a Mehlsack spaziren!

(Es wird der Sack geöffnet, aus dem nun Walzel, schäumend vor Wuth, über und über voll Mehlstaub, zum Vorschein kommt.)

Klampfel (sinkt in die Knie). Da geht's um! Das geht nicht mit rechten Dingen zu!

Sehr rasch.

Alle. Der Herr von Walzel?!

Weghuber. Ja, Herr von Walzel, was is denn Jhnen g'scheg'n?

Walzel. Jch bin gerächt worden!

Stiegel (steigt triumphirend, Pepperl im Arm, das Dokument in der Hand, von der Tribüne) So, Pepperl, jetzt g'hörst mir! (Zu Walzel.) Und morgen komme ich um Jhre Einwilligung zu unserer Hochzeit!

Walzel. | Das überleb' ich net!
Riegel. | J stirb!
(Lehnen sich gebrochen an einander.)

(G r u p p e.)

(Der Vorhang fällt.)

Ende des dritten Aufzuges.

4. Aufzug.

Geschäftslokale wie im ersten Aufzug, doch sind die Gewölbläden bis auf die Thürbalken geschlossen und wird das Local durch eine Gasflamme nur halb erleuchtet; durch den offenen Gassenbalken fällt ein Streifen grelles Licht ein.

1. Scene.

Klampfel, Wendl, später **Walzel.**

Klampfel (wieder den Schurz umgebunden, sitzt schlafend auf Walzel's Sessel).

Wendl (lehnt schlafend hinter der Budel. Kurze Pause).

Walzel (mit eingebundenem Kopf, noch im Schlafrock, tritt hinkend auf). Es — is — Alles — verloren! — Mein schöner Plan is verunglückt, der Stiegel wird Alles kriegen — aber das überleb' ich nicht. — Au! — Da! (Auf die Rippen zeigend.) Daher hat Einer immer mit'n Stecken her=g'stoßen. — Au! — Das muß ich heraus kriegen, wer das war; — das kriegt er z'ruck! — Au weh! (Stößt etwas von der Budel.)

Klampfel und **Wendl** (erwachen und springen auf).

Wendl. Der Chef!

Klampfel. Jetzt sei mir Gott gnädig!

Wendl. Klampfel! Sie hab'n ja no net aufg'sperrt! — Machen's gleich auf!

Walzel (ergrimmt). Ha! — Die war'n auch dabei! (Mißt sie beide voll Wuth und geht brummend in seine Wohnung zurück.)

Klampfel (resignirt). Beuteln wird er mich, das is sicher; — aber wann? — Wahrscheinlich bis er sich wieder rühren wird können.

Wendl. Das dürft noch seine Zeit haben.

Klampfel. Wann ich denk, wie ich zug'haut hab'. —

Wendl. Klampfel, unsere Stellung is hier nach dem Vorgefallenen unmöglich. — Wir sind genöthigt, uns um einen anderen Posten umzuschaun — unsere Lebenswege werden bald auseinander geh'n, wer weiß's, wann wir beide wieder mit einander hinter einer und derselben Budel steh'n werden. —

Klampfel. Na, i geh nur dort hin, wo Sie hingeh'n.

Wendl. Ihre Anhänglichkeit entschädigt mich für die viele Plag, die ich bei dem Versuch gehabt hab', Sie zu einem Großstädter zu machen; leider is das nur die einzige Entschädigung — Sie sind trotz Böller und modernem Jaquettel das blieben, was Sie waren, — a guter — Kerl! — Das is doch höflich!

Klampfel. Ja, es is mir auch lieber. Ich bin mir noch nie so dumm vorkommen, als wie gestern, wie ich zum ersten Mal hätt' was vorstellen soll'n, was i net bin. Aus einer Gans is noch nie ein Schwan worden.

Wendl. Geh'ns wieder z' Haus und sagen's es war nix.

Klampfel. Ja, aber ich werd' auch bald dazuschau'n, denn der Walzel hat einen Eselszorn auf mich.

Wendl. Weil Sie's nur einseh'n! — Ich natürlich, ich bin der Unglückliche, der nur aus Verseh'n bei meiner Geburt in die Stellung kommen bin, in der ich mich, wohl oder übel, jetzt behaupten muß; der Körper thut's, aber der Geist nicht, der wird immer nach jenen für mich unerreichten Höhen strebrn, die mir ein verfehltes Dasein verschlossen hat!

Klampfel. Ui je, mir is so g'spassig — jetzt dreht sich alles um mich. (Geht auf das Häringfaß zu.) Was is denn das? — (Greift hinein und nimmt einen Häring heraus.)

Wendl. Beissen's ihm den Kopf ab, dann wird's glei wieder alles wie's war. (Macht ebenfalls Griffe an den Kopf und Magen.) Mir scheint, ich brauch auch Einen. Klampfel, geb'ns mir auch Einen!

Klampfel (gibt ihm).

Wendl. Wo steht denn der Bittere?

Klampfel. Den hab'n wir in die Vitriolflaschen ein= g'füllt, weil ihn früher unser Hausknecht immer austrunken hat!

Wendl. Richtig, nur so, auf diese Art war er vor Vertilgung sicher — geben's ihn her! — Das is auch eine gute Medicin!

Klampfel (schenkt ein). Da, — trink'n wir gleich zum Abschied, — es wird so bald blasen!

Wendl. Aber ich hab' halt gestern doch vielleicht ein Bissel zu stark zug'schlagen. — Das war aber eine so seltene Gelegenheit, sich für so viele Entsagungen und Tyrannisirungen zu rächen, die sich so bald nimmer find't und da hab' ich halt gleich meine eventuelle, zukünftige Kündigung mit einbezogen.

Klampfel. Jetzt ist mir schon viel besser.

Wendl. Schenken's noch einmal ein!

Klampfel. Der Walzel wird uns eh bald liefern, da werd' ich mir noch einen guten Tag anthu'n.

Wendl. Wie viel is's denn eigentlich? — Sperr'n wir 's G'wölb einmal auf.

Klampfel. Schau'n Sie auf die Uhr.

Wendl. Wann i auf meine Uhr schau'n wollt, müßt ich in die Dorotheergassen 'neingeh'n.

(Sperren beide die Läden auf. Man hört sie sprechen.)

Klampfel. Net so stark, sonst kommt er wieder 'raus.

Wendl. Wir müssen offen hab'n, wann er wieder kommt, sonst macht er ein'n Heidenlärm.

Klampfel. Mir scheint, es ist schon Vormittag!

2. Scene.

Vorige, Klemper an der Thür, tritt ein.

Wendl. Der Klemper!

Klampfel. Der hat eine Keckheit!

Wendl. Sie, Herr von Klemper, wie viel Uhr is's denn?

Klemper. Da müssen's wem Andern fragen — ich kenn' meine Uhr nimmer.

Wendl. Also auch er! 's is ein Trost für uns!

Klemper. Was macht denn der Walzel?

Klampfel. Der geht heut' herum, wie ein Leopard.

Wendl. Wir zwei werden bald eine Vergnügungsreise zu seinem Vergnügen antreten müssen!

Klampfel. Kommen's herein.

Klemper. Das trau' ich mich nicht; aber wenn's mir einen Gefallen erweisen wollen, — wissen's, mir is so entsetzlich g'spaßig — so leihen's mir einen Häring. —

Wendl. Da! — Mit Vergnügen! Lassen's ihn aber schwimmen, daß Ihr Kater eine Freud' hat.

Klemper. Ja;   besten Dank!

Wendl. Sie, wo is denn die Fräul'n Pepperl hin= kommen?

Klampfel. Das gift den Walzel am meisten!

Klemper. Die hab'n wir gestern, ich und der Stiegel zu meiner Sidonie entführt; dort is sie gut aufg'hoben. Wir kommen bald alle daher, da wird der Stiegel noch einmal um ihre Hand anhalten. (Stehen alle drei bei der Thür.)

Wendl. Das is romantisch! Eine Million gäb' ich dafür, wenn ich's hätt', wenn ich eine Braut hätt', die einen solchen Onkel hätt' und ich müßt's mir auf eine solche Art erobern!

Klemper. Der Walzel wird das noch nicht wissen!

Klampfel. Nein, der Riegel hat ihn in einem Wagen allein z' Haus spedirt.

Klemper. Derweil wir mit der Peppi durchg'gangen sind! — Das is mein größter Triumph!

3. Scene.
Vorige, Walzel mit einer riesigen Reiterpistole, kommt von rechts und zielt auf die drei.

Walzel. Aaaah!!!

(Klemper stürzt bei der Thür hinaus, Wendl und Klampfel in die Thür hastig links.)

Walzel (allein, steht schwankend da und nähert sich während der folgenden Worte stetig dem Häringfaß). Ich bin — ich hab' — mir is — so — g'spaßig. (Nimmt einen Häring heraus.) — O Gott, die Pepperl is fort und mit ihr alle meine schönen Zukunftspläne. — (Beißt ab.) Vielleicht hilft mir das. — Die Pepperl is fort, — der Riegel is ein Esel und ich bin ruinirt! — Die zwei da drinn', die war'n auch dabei, die wirf ich heut' noch hinaus; aber ein's muß man ihnen lassen; g'haut hab'ns mich fürchterlich gewissenhaft. — Herr Gott, wann die Schläg' der Stiegel 'kriegt hätt'! (Wüthend ab.)

4 Scene.
Wendl, Klampfel.

Wendl. Er is schon wieder fort! — Klampfel, jetzt können's aus dem Zuckerfaß schon wieder 'raus kriechen. —

Klampfel. Is 's wahr! — Die Angst, die ich ausſteh'! — Gott sei Dank, daß das G'wölb' schon offen ist. Erstens, daß er keine Ursache hat zum Schimpfen und zweitens —

Wendl. Daß wir leichter abfahren können.

Klampfel. Mir ist auch nur mehr wegen zweitens, als erstens.

Wendl. Dann geh' ich einpacken! — Oh, wo sind die schönen Zeiten, wo wir allein und der Walzel am Land war.

Klampfel. Um neun Uhr ist das G'wölb' aufg'sperrt worden. —

Wendl. Dann war Damenbesuch bis 12 Uhr. —

Klampfel. Dann Diner.

Wendl. Bestehend aus den feinsten Delikatessen, das unser Geschäft im Stand war zu liefern. —

Klampfel. Dann war zu unserer Erholung das G'wölb' von eins bis drei zug'sperrt. —

Wendl. Dann hab'n uns bald d'rauf gar keine Kundschaften mehr gestört. —

Klampfel. Bis wir um sechs Uhr schon wieder zug'sperrt hab'n!

Wendl. Das war'n goldene Zeiten! Ich hab' gekostet, was Freiheit heißt, ich kann die Sclaverei nimmer ertragen.

(Es stehen beide hinter der Budel.)

[**5. Scene.**

Die Vorigen, die zwei Wäschermädel kommen in das Geschäft.
(A tempo verschwinden Wendl und Klampfel unter der Budel.)

Erstes Wäschermädel. Du Sali, die zwa san verschwunden.

Zweites Wäschermädel. He da! Mir san da, krabelt's füra!

Erstes Wäschermädel. Waschblau brauchen wir, wir hab'n a wilde Wäsch' zum waschen!

Zweites Wäschermädel (schlägt mit etwas auf die Budel). He da!

Klampfel. Die haut uns das G'wölb' z'jammen. (Kleinlaut.) Das haben wir nicht!

Erstes Wäschermädel. Schält's eng nur auffer, ui jegerl, der Herr Graf is auch da!

Zweites Wäschermädel. Serwus Graf Maccaroni!

Wendl. Die höhnt mich!

Zweites Wäschermädel. An Kilo Stärken brauch' i.

Wendl. Die hab'n wir nicht.

Erstes Wäschermädel. Das sieht man Euch eh an, ös Pflanzritter übereinander!

Zweites Wäschermädel. Glauben's vielleicht, daß i Ihnen gestern nur ein' Moment für ein' echten Grafen g'halten hab' — Sö Budelritter!

Wendl. Budelritter! Ha! Das ist zu viel!

Erstes Wäschermädel. Aber ans sag' i Euch noch; wann Ihr no länger Euchere dürren Baner, Engere Zuwag in graden Zustand hab'n wollt's, so verliert's Eng nimmer zu uns zum Heurigen; denn sonst paßt Euch mei Schorschl und ihr Franzl auf.

(Die Musik intonirt das im 3. Aufzug gesungene Duett. Die Beiden stemmen die Arme in die Hüften und gehen, im Takt sich wiegend, stumm auf Wendl und Klampfel los, welche nach links verschwinden.)

6. Scene.

Walzel, die zwei Wäschermädeln.

Walzel (wird ebenso wie Wendl und Klampfel zurückgedrängt. Komischer Wuthausbruch Walzel's, welcher linksch in die Wohnungsthür sich zurückzieht).

Beide Wäschermädeln (laufen ab).
(Musik bricht ab.)

7. Scene.
Wendl, Klampfel.

Wendl (schaut vorsichtig aus der Thür). So, mir scheint der Feind hat sich zurückgezogen. — Der Walzel scheint auch was abgekriegt zu haben! Kommen's heraus Klampfel!

Klampfel. Ich trau mich nicht!

Wendl. Die Luft is schon rein!

Klampfel. Da schaut's aber sauber aus!

Wendl. Bei uns geht's heut' zu wie am jüngsten Tag!]

8. Scene.
Vorige, Riegel, Amanda und Weghuber, später Walzel.

Riegel (läuft von rechts auf die Gewölbthüre zu, stürzt in's Gewölb). Die Amanda kommt! Sie hat mich schon! (Amanda folgt ihm in kurzer Entfernung, dieser wiederum folgt ebenfalls sehr rasch Weghuber.)

Amanda. Friedolin, Friedolin, warum enteilst Du mir?

Walzel (läuft mit der Pistole auf Riegel zu). Ah!!!

Riegel (prallt zurück und läuft, da ihm Amanda den Ausweg versperrt, rechts in die Wohnung, wohin ihm Walzel folgt).

Amanda. Hilfe! Hilfe! Man will meinen Friedolin tödten! (Sinkt in Ohnmacht, Klampfel hält sie.)

Klampfel. Ui! — Das G'wicht! Nehmt's mir d' Amanda weg!

Weghuber. Wenn der todt is, dann werd' ich erst für sie leben. Jesses die hat die Ohnmacht!

Wendl. Die hat die Krämpf'! (Bekommt die Amanda von Klampfel.)

Weghuber. Hilf! Z' Hilf! (Außer sich.) Is nix richets da?

Wendl. Nehmt's mir d' Amanda weg!

Klampfel. Nein; — aber da is ein Limburger! (Nimmt ein Stück von der Budel.)

Weghuber. Her damit! — (Hält ihn vor ihr Gesicht.)

Amanda (erholt). Ich muß Dich retten!

(Läuft auf die Gasse, begegnet vor dem Fenster Riegel, der sich entsetzt umwendet und direkt in Walzel's Arme läuft, welche nun, beide ringend, nach rechts verschwinden.)

Klampfel. Gott sei Dank, die hat a Schweren!

Amanda (kommt wieder in's Geschäft zu Weghuber). Retten Sie ihn!

Riegel (stürzt rufend): Das is a Narr! (aus der Wohnung in's Geschäft, prallt vor Amanda rechts ab und läuft durch die Thür ab, wohin ihm Amanda folgt, der wieder Weghuber nachläuft. Alle drei auf der Gasse laufend, rechts ab).

Walzel (erscheint an der Thür, sieht Klampfel und Wendl, die er wieder mit der Pistole in's Magazin treibt). So, jetzt wär' wieder die Luft rein! — Aber ich kann den Brief vom Doktor Schnapper und mein' schwarze Brieftaschen net finden. Wann der Brief in unrechte Händ' kommt, dann kann ich die Peppi ka halbe Stund mehr halten! Meine Säck' hab' ich alle schon fünfzehn Mal umgedreht, aber es fallt nix heraus. — Jetzt werd' ich Wach' halten, vor meinem eigenen Haus; da schaut's ja schrecklich aus. (Geht vor der Thür auf und ab.)

9. Scene.

Walzel, Sidonie treten ein.

Sidonie. Herr von Walzel!

Walzel. Sie da, Fräul'n Sidonie!

Sidonie. Ich komm' als Abgesandte von Ihrer Nichte.

Walzel. Was? — Dieser unmoralischen Person, die sich bei Nacht und Nebel von fremde Männer entführen laßt; wer weiß wohin? Reden's nix mehr von der Person!

Sidonie. Aber Herr von Walzel, sind Sie doch vernünftig.

Walzel. Das kenn' ich nicht. —

Sidonie. Die Pepperl haben gestern der Herr von Stiegel und der Herr Klemper —

Walzel. Ha! (Erhebt die Pistole.) Die zwei; das sind Verbrecher, die in's Zuchthaus gehören! — Wo is die Pepperl?

Sidonie. Bei mir.

Walzel. Also, Sie sind auch im Complott?

Sidonie. Ja, wo es sich um etwas handelt, wo durch einen bloßen Starrsinn ein armes Menschenherz brechen könnt', da bin ich auch da, um zu helfen, wann ich was helfen kann. — Herr von Walzel, geb'ns Ihr Jawort zu der Verbindung, Sie könnten vielleicht eine milde Stimmung meines Freundes Stiegel nothwendig brauchen. Aber wann Sie dann keinen Pardon kriegen, wann Sie durchaus einmal Ihren Kopf aufsetzen wollen, den Sie sich vielleicht fest anrennen werden, dann bleib'ns dabei —

Walzel. Von einer Verbindung der Pepperl mit'n Stiegel is von mir aus eine Einwilligung undenkbar — ka Red'! Himmelcrucilaudonsapperment! (Ab rechts.)

10. Scene.

Sidonie, Wendl, Klampfel.

Wendl. Eine Dame da! — Klampfel! Was neues! — A Kundschaft wieder einmal!

Klampfel. Wirklich! Das setz'n wir in die Lotterie! —

Wendl. Mein werthes Fräulein, mit was kann ich dienen?

Sidonie. Oh, ich brauchet net viel, nur ein Wort von Ihrem Chef. — Worte hab' ich zwar genug zu hören bekommen, aber grad' das eine nicht, was ich verlangt hab'. (Ab.)

Klampfel. Die hat mit'n Walzel blos was zu reden? — Mir scheint, der Walzel is doch ein verfluchter Kerl!

11. Scene.

Vorige, Weghuber.

Weghuber (kommt erschöpft zurück). Ich kann sie nimmer einholen; sie flieht vor mir! Amanda, Du — mein Augentrost, meine letzte Hoffnung eines verpufften Junggesellenthumes, Du fliehst vor mir — Du bist also für mich verloren. —

Wendl. Sie, Herr von Weghuber, — Ihnen kann ich vielleicht helfen. Da können's Ihrer Angebeten eine Freud machen, ich hab' was gefunden für sie.

Weghuber. Was wär' denn das?

Wendl. Klampfel, wo is denn unsere Poesie-Sammlung?

Klampfel. Ah jo! Sie meinen die Gedichte, die wir immer aufheben?

Wendl. Ja.

Klampfel. Die hab'n wir da unter der Maculatur versteckt. (Gibt sie ihm.)

Wendl. Poetische Ergüsse, der Vernichtung und dem Vergessen geweiht, durch uns und unseren Kunstsinn aus der Maculatur gerettet und der Nachwelt erhalten. Da is Ihre Amanda sehr stark vertreten d'runter! Da schau'us her!

Klampfel. Da gibt's ganze Bände von Lyrik! —

Wendl. Das nehmen's mit! — Wann aber das auch net hilft, dann kann ich Ihnen net helfen! Kriegen's aber dann die Amanda, so bitt' ich mir jeden Vorwurf wegen Vorschubleistung aus!

Weghuber (blättert). „An Ihn", — „Sonnenschein", „Jagdlied", — „Mein Kind!" — „Alles von Ihr"! — „Kriegslied." — Das is was für mich! (Recitirt im Abgehen.)
„Hört Ihr wie die Geschütze krachen?
Der Feind hat nichts mehr jetzt zum Lachen!
O Helden, weicht nicht zurück,
Nur in dem Siege liegt das Glück!"
(Blättert herum.)
Das Gedicht hat achtundvierzig Strophen, — das werd' ich auswendig lernen und werde sie damit bezwingen! — Dann kann sie nimmer widersteh'n! — Amanda! Oh, Amanda! (Ab.)

Klampfel. Dem vergunn ich die Amanda.

Wendl. Dem g'schieht recht wann er sie kriegt, der verdient sie. Eigentlich sollt sie der Riegel kriegen; von mir aus aber kann sie kriegen wer will

12. Scene.
Vorige, Klemper, Sidonie.

Klampfel. Der Klemper schon wieder! (Stellt sich in die Nähe der linken Thür. Klemper und Sidonie bei der Gewölbthür. Wendl in der Mitte.)

Klemper. Warum retiriren Sie denn vor mir?

Klampfel. Das ist nicht wegen Ihnen! Das is nur wegen dem Walzel seiner Pistolen!

Klemper. Nun, Sidonie is der Walzel schon weich?

Sidonie. Der wird's nie mehr!

Wendl. Sollte das dem Klemper seine Sidonie sein? (Stellt sich vor.) Erlauben mein Fräulein; ich bin Wendl, Handelsbeflissener; noch kurze Zeit hier in der überseeischen Productenhandlung — dort mein werther Herr Collega Klampfel, bedeutend im Eindrehn von Stanitzeln und im Zuckerleinmachen eine Specialität.

Klemper. Wir kennen uns; hier meine so oft angegriffene Freundin; das auserschene Opfer von Walzels Gelüsten. Ich der Beschützer der Unschuld.
(Klemper, Wendl, Klampfel verbeugen sich.)

Sidonie. Ich möchte die Herren bitten unserer — das heißt — der Peppi's Sache als die Ihrige zu betrachten und Ihren Herrn Chef das da (die Tasche zeigend) zurückzugeben.

Klampfel. Uli! (Geht zum Magazin.)

Wendl. Hab' die Ehre! (Ebenfalls.)

Klemper. Eines muß man ihnen lassen, Respect habn's vor ihrem Chef. Der Walzel scheints noch nicht zu wissen, daß wir das wichtigste Dokument durch Zufall in die Hände gekriegt haben.

Sidonie. Jenes, welches der Peppi ihre Freiheit gibt.

Klemper. Aber Das muß man ihm sagen! vielleicht wird er dann nachgiebig?

Wendl. Ja, wann wer nicht länger als bis zu dem Moment leben will, der kann ihm's schon beibringen.

Klampfel. J net! —

Klemper. Wer denn also?

13. Scene.

Vorige, Riegel geht vor dem Geschäft vorbei.

Wendl. Der da!

Klemper. Herr von Riegel! Ich bitt auf einen Moment! — Wir haben für Sie etwas!

Riegel. Is der Walzel da?

Klampfel. Nein; das können Sie aus unserer Anwesenheit schließen!

Riegel. Was gibts denn?

Klemper. Sie wissen gar nicht wie der Herr von Walzel sein Unrecht einsieht.

Wendl. Ja, förmlich auf die Knie is er vor uns g'legen und hat uns um Verzeihung bitt.

Klampfel. Ja mir hat er die Hand küßt!

Riegel. Is er endlich bei Vernunft!

Klemper. Ja, es is in sein obern Stock alles in Ordnung, er is in seinem Zimmer und erwartet Sie, sind's so gut und geben's ihm seine Brieftaschen.

Wendl. Weil wir net fortkönnen.

Riegel. Also das is schön von ihm, daß er einsieht, daß wir für seine Dummheit nix dafür können. —

Sidonie. Besten Dank, Herr von Riegel. Die Peppi kommt dann selber her zum Herrn von Walzel — sich seinem Willen zu unterwerfen aus Pietät!

Riegel. Am End krieg ich sie doch noch?!

Klemper. Die hat noch a Pietät für ihn. Ich hab nur die Pietät mehr für ihn, die mit die Zweispitz und die silbernen Streifen auf die Hosen!

Riegel. Ich werd ihm die Brieftaschen geben, das wird ihn sicher mit mir versöhnen.

14. Scene.

Vorige, Walzel.

(Stürzt mit Geschrei auf Riegel los, der mit beiden Händen die Brieftasche vor den Pistolenlauf hält. Klemper, Sidonie durch die Gewölbthür, Klampfel und Wendl abermals in's Magazin ab.)

Riegel (stürzt auf die Knie). Ich hab glaubt Sie sind schon vernünftig!

Walzel. Nein! niemals!

Riegel. Aber ich hab ja da Alles, was wir gestern verloren haben, wieder!

Walzel. Der hat das Geheimniß? — Aber warum sag'ns denn das net gleich — Geb'ns her! — Gott sei Dank — jetzt fallt mir eine Zentnerlast vom Herzen. Halten's das da. (Gibt ihm die Pistole.)

Riegel. Net um ein Schloß.

Walzel. S'is ja net g'laden!

Riegel. Wann ich das g'wußt hätt!

Walzel (untersucht den Inhalt). Wann nur der Brief vom Schnapper dabei is — ja, da is er. (Liest.) Ha, aber es steht was d'runter, was früher net d'runter g'standen is!

(Außer sich.) Jetzt is 's aus — Ha! (Läuft ab, läßt den Brief fallen, den Riegel aufhebt.)

Riegel. Gelesen, Stiegel — mit Dank retour. (Vernichtet.) Jetzt i's auch mir alles eins — jetzt sind mir sogar die zwanzigtausend Gulden Wurscht! (Hält die Pistole vor seinen Mund.) Haaah! (Will, weil er Peppi eintreten sieht, sich den Anschein geben, sich zu erschießen.)

15. Scene.

Riegel, Peppi.

Riegel (setzt ab). Sie sagt gar nicht hörn's auf. Sie entreißt mir die Waffe gar nicht!

Peppi. Herr von Riegel, wenn ich mich umbringen wollt, da würd ich mir schon ein idyllischeres Plätzchen dazu aussuchen, als das da.

Riegel (weinerlich). Nein — grad das da paßt für mich), da, wo meine schönsten Hoffnungen begraben lieg'n. Nur weg'n Ihnen erschieß ich mich.

Peppi. Schad, daß 's das net schon um ein Paar Wochen früher gethan haben, da hättens Ihnen viel Verdruß erspart.

Riegel. Sie höhnt mich noch! — Das is zu viel!

Peppi. Denn sehr bald werd ich die glückliche Frau von meinem lieben Franzel sein. In vierzehn Tagen is schon die Hochzeit.

Riegel. Hochzeit! (Läßt die Pistole fallen und wankt auf die Budel zu; sieht die Flaschen, wo Vitriol darauf geschrieben steht und nimmt sie.)

Peppi. Gotteswillen, er wird doch nicht.

Riegel. Ja, er wird! — In demselben Moment, wo Sie mit Herrn Stiegel zum Altar treten, da wird er, vielleicht schon früher — dann is die Flaschen leer und ich bin eine Leich' und dann komm ich mit'n weißen Leintuch, als Geist — o Gott o Gott! (Für sich.) Das ist der Rostopschin, den kenn' ich! (Ab nach rechts. Trinkt aus der Flasche.)

Peppi (allein). Ich möcht' ein gutes Wort für meinen Stiegel reden und die Einwilligung vom Onkel zu unserer Verheiratung haben — ich hab eine schreckliche Angst.

16. Scene.

Peppi, Walzel tritt aus der Thür und betrachtet sie mit verschränkten Armen.

Walzel. Ha! — Die Peppi! — Da is' sie!

Peppi. Onkel! — Verzeihung, ich komm zu Ihnen, obwohl ich's eigentlich nicht mehr nothwendig hab, da ich alles weiß, da ich auch weiß, daß ich ein Vermögen hab.

Walzel. Das hab ich nur verwaltet! Das kriegst Du wenn Du majorenn bist!

Peppi. Onkel, am Tage meiner Verheiratung bekomm' ich auch sehr viel; — genügend, daß ich und der Stiegel

Walzel. Der Stiegel!

Peppi. — uns ein Geschäft einrichten können! — Onkel! — Ich komm' nur um Ihren Segen, den Segen, den mir mein grausames Schicksal von meinen armen Eltern verweigert hat! — Ich möcht' gern' im Guten von Ihnen scheiden, Onkel! Der letzte Eindruck ist der bleibende — erinnern wir uns auf eine angenehme Abschieds-Stund'!

17. Scene.

Vorige, Stiegel an der Thür.

Walzel. Keine Spur!

Peppi (sehr zärtlich). Mein lieber Bräutigam hat Ihnen wegen meinem Vermögen einen Prozeß angehängt. —

Walzel. Der liebe Bräutigam? — So!

Peppi. Wenn Sie sich mit ihm versöhnen, so gleichen wir uns gütlich aus.

Walzel (sieht Stiegel). Ah! Da is er! Keine Spur! Der hat mir zu viel angethan.

Stiegel. Nur das, was Sie mir hab'n anthun wollen.

Walzel. Die Sidonie?

18. Scene.

Vorige Klemper, Sidonie, dann **Wendl** und **Klampfel** in Reiseausrüstung, später **Weghuber** und **Amanda,** zum Schluß **Riegel.**

Klemper. Meine Braut, — nicht mehr Sidonie, sondern wie früher, Modistin und künftige Inhaberin eines Marchande de Modes-Geschäfts!

Walzel. Der auch schon wieder! Wo is denn meine Pistole!

Klemper. Ich — Marchandmoderer!

Stiegel (feierlich). Herr von Walzel! Zum zweiten Mal in meinem Leben tret' ich als Freier vor Ihren harten Schädel, um die Peppi zu meiner Frau zu begehren. — Heut' aber steh' ich anders da, als das erste Mal! — Heut' hab' ich Sie in meiner Gewalt! Wann Sie nicht binnen fünf Minuten Ihre Einwilligung zu unserer Hochzeit geben, dann kommt die Loos=G'schicht vor's Bezirksgericht, vielleicht vor's Landesgericht!

Walzel. Der hat den Teufel im Leib! (Nach rechts ab.)

Wendl und **Klampfel** (beide mit Bündeln ıc.).

Wendl. Unsere Tage sind gezählt! Wir reisen.

Klampfel. Ja! — Wir haben da nix mehr verloren.

Stiegel. Ihr zwei — Euch nimm ich zu mir!

Amanda. Friedolin! — Wo ist mein theurer Friedolin!

Weghuber. Kann ich Dich nie besitzen, Amanda? Nur Du Allein! — Sonst Keine!

Riegel (betrunken, die leere Flasche in der Hand, von rechts).

Wendl. Der hat den ganzen Slibowitz austrunken!

Riegel. Dreiviertel Liter hb! — Kupfervitriol war'n d'rinn'! — Ich werd' gleich sterben! Mörderin! Hb!

Amanda. Mein Friedolin ist ein Säufer? — Pfui

Weghuber. Ja, das is sein gewöhnlicher Zustand!

Amanda. Dreimal Pfui!

Weghuber. Ich hingegen kenn' den Schnaps nur aus die Bücher!

Amanda. So nimm mich hin!

Wendl. Jetzt hat er's!

Weghuber. Heil mir! — Heil Kümmelbach! Du hast jetzt eine Dichterin! (Umarmung.)

Klemper. Das Glück wird er nicht lang ertragen.

Riegel (zu Peppi). So, weil Du mich verschmäht, so will ich Dir nur sagen, daß ich Dich nie geliebt, daß mich nur Dein Geld bestimmt hat — hb! Dich zu heirathen. —

Stiegel. Werft's ihn hinaus!

Wendl und **Klampfel** (packen Riegel und schubsen ihn aus der Thür, der vor derselben herumschwankt und Lärm schlägt, daß alle Nachbarn zusammen laufen).

19. Scene.

Walzel (und viele Passanten Freunde Peppi's). Ja, seid's Ihr noch da?

Stiegel. Sie willigen also nicht ein? — Gut! Was das Vermögen meiner Braut anbelangt, das Sie noch gegenwärtig in Händen hab'n, das werd' ich ihr schon sicher stellen — mit Ihrer Erbschaft aber, da gründ' ich ein Geschäft, das wird heißen „zum wilden Mann" und da kommen Sie als Wilder auf'n Schild hinauf!

Walzel. Das überlebet ich nicht!

Peppi. Onkel!

Walzel (kämpft mit sich). Da geht's her (gibt sie zusammen) und da habt's Euch! (Geht grimmig ab.)

Stiegel. Is der Riegel schon 'nausgeworfen?

Wendl. Ja wohl, Herr Chef, und ich hoffe, Ihnen immer so prompt dienen zu können und jeden Ihrer Aufträge so gern ausführen zu können, wie ich den ausgeführt hab'.

Stiegel. Pepperl! — Endlich g'hörst mein.

Klemper. Mizl! — Und Du mein! Das edle Brautpaar der Herr Stiegel und die Fräulein Pepperl sollen leben! Hoch!

Alle. Hoch! — Hoch! — Hoch!

(Musik spielt einen Tusch, und es fällt der Vorhang über die Gruppe.)

E n d e.